WeightWatchers®

Heute mal vegetarisch

Leckeres Gemüse
in allen Variationen

Gemüse in der Hauptrolle präsentiert die Stars der vegetarischen Küche: freuen Sie sich auf Karotten-Nuss-Puffer, Kräuter-Käse-Quiche oder Fenchelgratin mit Parmesankruste.

Zutatenlisten aller Rezepte als Einkaufszettel direkt auf Ihr Handy!

So geht's: QR-Code-Reader im Handy aufrufen und QR-Code scannen. Ein Link führt Sie zur Kapitelübersicht und später zu der Zutatenliste. Handy mit in den Supermarkt nehmen und Einkaufszettel jederzeit aufrufen.

Voraussetzung: internetfähiges Handy mit Kamerafunktion und installierter QR-Code-Reader-App. Durch die Nutzung des Internets können, abhängig von Ihrem Mobilfunkvertrag, Kosten entstehen.

Rezeptinfos:

7 ProPoints Wert: *ProPoints*® Wert und zusätzlich kJ / kcal pro Person / Stück

Fertig in: entspricht dem kompletten Zeitaufwand inkl. Back-, Gar-, Marinierzeit etc.

Davon aktiv: entspricht dem Zeitaufwand der Vorbereitung wie Schneiden, Rühren etc.

Die richtige Ernährung ist der erste Schritt!

Schön, dass Sie sich für eins unserer Kochbücher entschieden haben und damit für eine gesunde und ausgewogene Ernährung. Denn dafür steht Weight Watchers immerhin schon seit mehr als 40 Jahren in Deutschland.

Weight Watchers ist weit mehr als eine Diät. Es ist ein ganzheitliches, flexibles Ernährungsprogramm. Neben einer Ernährungsumstellung sind auch Bewegung und persönliche Unterstützung wichtige Bestandteile unseres Konzeptes.

Wir bieten Coachings in wöchentlichen Treffen an, wo jeder Interessierte kennenlernen kann, wie abwechslungsreiche Ernährung und Bewegung dazu beitragen können, lange gesund und leistungsfähig zu bleiben. Und dabei auch erfolgreich sein Wunschgewicht zu erreichen. Wenn Sie mehr der Online-Typ sind, ist Weight Watchers Online vielleicht etwas für Sie – hier gibt es Zugriff auf die besten interaktiven Tools für eine erfolgreiche Abnahme. Die App für unterwegs gibt es automatisch dazu.

Denjenigen, die es individueller gestalten möchten, bieten wir auch persönliche Coachings an.

Unser Ziel ist es, ganz einfach Menschen für einen aktiven und ausgewogenen Lebensstil zu begeistern – dazu gehört auch ein gesundes Körpergewicht. Das Weight Watchers Programm basiert auf aktuellen wissenschaftlichen Erkenntnissen und langer Erfahrung. Es bietet ein Höchstmaß an Flexibilität und Alltagstauglichkeit.

Die Weight Watchers Kochbücher sind die perfekte Ergänzung auf dem eigenen Weg zum Wunschgewicht. Mit unkomplizierten Rezepten wird Kochen einfach zum Vergnügen! Die leckeren Gerichte sind problemlos nachzukochen und gelingen immer. Und das mit frischen Zutaten, die Sie in jedem gut sortierten Supermarkt erhalten. Dabei müssen Sie auf nichts verzichten und können gleichzeitig Familie und Freunde mit abwechslungsreichen Weight Watchers Gerichten verwöhnen. Unsere Fertiggerichte und Snacks runden unser Angebot ab und sind eine gesunde und schnelle Alternative im stressigen Alltag.

Wie das Weight Watchers Programm funktioniert, schildert Ihnen Nadine auf Seite 166–167.

Wir wünschen Ihnen gutes Gelingen und guten Appetit!

Ihr Weight Watchers Team

Gemüsepower

Unsere Vorspeise-Variationen: immer frisch, knackig, bunt gewürfelt und passend zu Jahreszeit und Saisonkalender! Ob Birnen-Avocado-Salat, leichte Erdbeer-Mozzarella-Spieße, Wraps mit Joghurtcreme oder Exotisches wie Rucola-Käse-Salat mit Chili-Mango-Dressing – diese Rezepte lassen das Herz jedes Gemüsefans höher schlagen.

Pestokartoffelsalat

Fertig in: 40 Minuten
Davon aktiv: 20 Minuten

Für 4 Personen:
800 g festkochende Kartoffeln
Salz
4 getrocknete Tomaten ohne Öl
100 ml heiße Gemüsebrühe
(1/2 TL Instantpulver)
300 g gelbe Cocktailtomaten
(ersatzweise rote)
1 Kugel Mozzarella light
1/2 Bund Basilikum
1/2 unbehandelte Zitrone
2 EL Pinienkerne
2 EL geriebener Parmesan
250 g Magermilchjoghurt
Pfeffer

pro Person
7 ProPointe Wert
1253 kJ
300 kcal

1. Kartoffeln waschen und mit Schale in Salzwasser ca. 20 Minuten garen. Getrocknete Tomaten ca. 10 Minuten in Brühe einweichen. Cocktailtomaten waschen und halbieren. Mozzarella abtropfen lassen und würfeln.

2. Eingeweichte Tomaten abtropfen lassen und in Streifen schneiden. Kartoffeln abgießen, pellen und in Stücke schneiden. Basilikum waschen, trocken schütteln und die Blätter abzupfen. Zitronenschale abreiben und Zitronenhälfte auspressen.

3. Basilikumblätter mit Pinienkernen, Parmesan und Joghurt pürieren. Mit 1/2 Teelöffel Zitronenschale, Zitronensaft, Salz und Pfeffer würzen. Kartoffelstücke mit Cocktailtomatenhälften, Tomatenstreifen und Mozzarellawürfeln mischen. Dressing unterheben und Salat nach Wunsch mit Basilikum garniert servieren.

Spinatsalat mit Joghurt-Kräuter-Dressing

Fertig in: 25 Minuten
Davon aktiv: 15 Minuten

Für 2 Personen:
2 Eier
250 g Babyspinat
1 Scheibe Pumpernickel
150 g fettarmer Joghurt
100 ml fettarme Milch
2 TL Zitronensaft
2 EL Gemüsebrühe
(1 Prise Instantpulver)
1 TL Honig
3 EL gehackte Frühlingskräuter
(z. B. Kerbel, Petersilie,
Zitronenmelisse)
Salz
Pfeffer

1. Eier in kochendem Wasser ca. 8–10 Minuten hart kochen. Spinat waschen und trocken schleudern. Pumpernickel in Würfel schneiden und fettfrei in einer Pfanne rösten.

2. Für das Dressing Joghurt mit Milch, Zitronensaft, Brühe und Honig vermischen, Kräuter unterrühren und mit Salz und Pfeffer abschmecken.

3. Eier abschrecken, pellen und in Scheiben schneiden. Spinat auf Tellern anrichten und Eierscheiben darauf verteilen. Spinatsalat mit Joghurt-Kräuter-Dressing beträufeln und mit Pumpernickelcroûtons bestreut servieren.

pro Person 5 *ProPoints* Wert | 970 kJ
232 kcal

Verfeinern Sie …

… den Spinatsalat mit 2 EL fettfrei gerösteten Pinienkernen. Der *ProPoints*® Wert pro Person erhöht sich auf 7 (1182 kJ / 283 kcal).

Erdbeer-Mozzarella-Spieße mit rosa Pfeffer

Fertig in: 15 Minuten
Davon aktiv: 15 Minuten

Für 2 Personen:
100 g Mini-Mozzarella-Kugeln light
150 g Cocktailtomaten
150 g kleine Erdbeeren
200 g Pflücksalatmischung (Kühltheke)
125 g fettarmer Joghurt
1–2 EL Himbeeressig
4 EL Gemüsebrühe (2 Prisen Instantpulver)
1 TL Honig
1 EL Senf
Salz
Pfeffer
1 TL rosa Pfefferbeeren
2 Scheiben Ciabattabrot

pro Person 5 ProPoints Wert | 1120 kJ 268 kcal

1. Mozzarella abtropfen lassen. Tomaten und Erdbeeren waschen. Erdbeeren trocken tupfen und halbieren. Tomaten, Mozzarella und Erdbeeren abwechselnd auf 4 Holzspieße stecken.

2. Salat waschen und trocken schleudern. Für das Dressing Joghurt mit Essig, Brühe, Honig und Senf verrühren und mit Salz und Pfeffer abschmecken.

3. Rosa Pfefferbeeren zerstoßen. Salat mit Dressing beträufeln, Erdbeer-Mozzarella-Spieße neben dem Salat anrichten und mit rosa Pfeffer bestreuen. Mit Ciabattabrot servieren.

Frühlingssalat mit Wildkräutern

Fertig in: 15 Minuten
Davon aktiv: 15 Minuten

Für 4 Personen:
200 g junger Blattspinat
200 g junger grüner Mangold (ersatzweise roter Mangold)
400 g gelbe und rote Cocktailtomaten
200 g Schafskäse light
4 EL gehackte Wildkräuter (z. B. Bärlauch, Sauerampfer, Borretsch)
250 g fettarmer Joghurt
2 TL Honig
Salz
Pfeffer

1. Spinat und Mangold waschen, trocken schleudern und in mundgerechte Stücke zerteilen. Cocktailtomaten waschen und halbieren. Spinat, Mangold und Cocktailtomatenhälften vermengen.

2. Für das Dressing Schafskäse mit 2 Esslöffeln Wildkräuter und Joghurt pürieren. Mit Honig, Salz und Pfeffer würzen. Salat mit Dressing beträufeln und mit restlichen Wildkräutern bestreut servieren.

pro Person 4 ProPoints® Wert | 734 kJ 175 kcal

Besonders lecker wird der Frühlingssalat mit folgenden Toppings ...

... Scharfe Cashewnüsse:
20 gehackte Cashewnüsse in einer Pfanne fettfrei rösten. Mit 1 Teelöffel Chiliflocken bestreuen und Salat damit garnieren. Der *ProPoints®* Wert pro Person erhöht sich auf 5 (883 kJ / 211 kcal).

... Karamellisierte Sonnenblumenkerne:
2 Esslöffel Sonnenblumenkerne in einer Pfanne fettfrei rösten, mit 1 Teelöffel Zucker bestreuen und karamellisieren lassen. Der *ProPoints®* Wert pro Person erhöht sich auf 5 (855 kJ / 204 kcal).

Feldsalat mit Feigen

Fertig in: 15 Minuten
Davon aktiv: 15 Minuten

Für 1 Person:
50 g Feldsalat
50 g Radicchio
2 Feigen
1 Orange
1 TL heller Balsamicoessig
1 TL Olivenöl
1 TL Honig
Salz
Pfeffer
1/4 TL Currypulver
1 EL Hüttenkäse, 20 % Fett i. Tr.
2 Scheiben Baguette

1. Feldsalat und Radicchio waschen, trocken schleudern und in mundgerechte Stücke zerteilen. Feigen waschen und in dünne Scheiben schneiden. Orange schälen und filetieren, dabei den Saft auffangen. Feigenscheiben und Orangenfilets unter den Salat heben.

2. Für das Dressing 2 Esslöffel Orangensaft mit Balsamicoessig, Öl und Honig verrühren, mit Salz und Pfeffer würzen und unter den Salat heben.

3. Currypulver mit 1 Teelöffel Orangensaft verrühren, mit Hüttenkäse vermischen und über den Salat streuen. Feldsalat mit Baguette servieren.

pro Person 6 ProPoints Wert | 1602 kJ 383 kcal

Birnen-Avocado-Salat

Fertig in: 50 Minuten
Davon aktiv: 20 Minuten

Für 4 Personen:
2 kleine Avocados (à 100 g)
4 Birnen
1 großer Lollo rosso
1/2 Zitrone
1 Knoblauchzehe
100 ml Orangensaft
4 EL heller Balsamicoessig
2 TL Honig
Salz
Pfeffer
90 g Appenzeller, 50 % Fett i. Tr.

1. Avocados halbieren, schälen und in Spalten vom Stein schneiden. Birnen waschen, vierteln, entkernen und würfeln. Salat waschen, trocken schleudern und in mundgerechte Stücke zerteilen.

2. Für das Dressing Zitrone auspressen. Knoblauch pressen, mit Zitronensaft, Orangensaft, Balsamicoessig und Honig verrühren, salzen und pfeffern. Dressing mit Birnenwürfeln und Avocadospalten vermengen und ca. 30 Minuten ziehen lassen. Mit dem Salat vermengen und wkurz ziehen lassen.

3. Käse in Würfel schneiden, Salat damit bestreuen und servieren.

pro Person 6 ProPoints Wert | 1035 kJ 247 kcal

Warmer Gemüsesalat mit Honigdressing

Fertig in: 30 Minuten
Davon aktiv: 20 Minuten

Für 2 Personen:
1 Zucchini
200 g Cocktailtomaten
1 Schalotte
3 Karotten
1/4 kleiner Weißkohl
1 Knoblauchzehe
1 TL Olivenöl
1 TL Pinienkerne
2 TL Honig
3 EL Zitronensaft
Salz
Pfeffer
Paprikapulver
1 EL gehackte Petersilie
2 Scheiben Schwarzbrot (Roggenvollkornbrot)

pro Person 5 ProPoints Wert | 960 kJ | 229 kcal

1. Zucchini und Tomaten waschen, Schalotte und Karotten schälen. Schalotte vierteln, Karotten und Zucchini in Scheiben schneiden. Weißkohl putzen, vierteln, den Strunk entfernen und Weißkohl in Streifen schneiden. Knoblauch pressen und Tomaten halbieren. Öl in einer Pfanne erhitzen und Schalottenviertel mit Karotten-, Zucchinischeiben, Weißkohlstreifen, Knoblauch und Pinienkernen darin ca. 8–10 Minuten anbraten.

2. Tomatenhälften dazugeben. Gemüse mit Honig beträufeln, karamellisieren lassen und mit Zitronensaft ablöschen. Mit Salz, Pfeffer, Paprikapulver und Petersilie würzen und etwas abkühlen lassen. Schwarzbrot mit warmem Gemüsesalat servieren.

Bunter Salat mit Ziegenkäsetalern

Fertig in: 15 Minuten
Davon aktiv: 15 Minuten

Für 2 Personen:
1 Kopfsalat
1 gelbe Paprika
1/2 Bund Radieschen
1/2 Salatgurke
180 g Ziegenweichkäserolle, 45 % Fett i. Tr.
1 TL gehackte Petersilie
Salz
Pfeffer
1/2 TL Paprikapulver
3 EL Frischkäse, bis 1 % Fett absolut
50 ml Gemüsebrühe (2 Prisen Instantpulver)
1 TL Senf
125 ml Apfelsaft
2 EL Apfelessig
1 Körnerbrötchen

pro Person
9 ProPoints Wert
1863 kJ
450 kcal

1. Backofen auf 200° C (Gas: Stufe 3, Umluft: 180° C) vorheizen. Salat waschen, trocken schleudern und in mundgerechte Stücke zerteilen. Paprika, Radieschen und Gurke waschen. Paprika entkernen und in Würfel, Radieschen und Gurke in Scheiben schneiden.

2. Ziegenkäse in 4 Taler schneiden, mit Petersilie bestreuen und mit Salz, Pfeffer und Paprikapulver würzen. Auf einem mit Backpapier ausgelegten Backblech im Backofen auf unterer Schiene ca. 3–5 Minuten backen, bis der Käse anfängt zu zerlaufen.

3. Für das Dressing Frischkäse mit Brühe, Senf, Apfelsaft und Essig pürieren und mit Salz und Pfeffer würzen. Paprikawürfel, Radieschen- und Gurkenscheiben auf dem Salat verteilen und mit Dressing beträufeln. Körnerbrötchen in Scheiben schneiden und mit Salat und Ziegenkäsetalern servieren.

Mariniertes Gemüse

Fertig in: 55 Minuten
Davon aktiv: 25 Minuten

Für 4 Personen:

Für die Champigons:
500 g frische Champignons (weiß oder braun)
1 Knoblauchzehe
2 Zweige Thymian
1 TL Olivenöl
2 EL dunkler Balsamicoessig
2 EL Orangensaft
50 ml Gemüsebrühe (1 Prise Instantpulver)
Salz
Pfeffer
1 Prise Zucker

Für die Artischocken:
1 Dose Artischockenherzen (500 g Abtropfgewicht)
1 Knoblauchzehe
2 EL Zitronensaft
50 ml trockener Weißwein
2 TL Olivenöl
4 EL gehackte Petersilie

pro Person 1 ProPoints Wert | 823 kJ 197 kcal

1. Champignons trocken abreiben, vierteln und Knoblauchzehe hacken. Thymian waschen, trocken schütteln, Blätter abzupfen und fein hacken. Öl in einer Pfanne erhitzen und Champignonviertel mit Knoblauch darin andünsten. Mit Balsamicoessig, Orangensaft und Gemüsebrühe ablöschen, mit Salz und Pfeffer würzen und mit Thymian und Zucker verfeinern. Champignons vom Herd nehmen und ca. 30 Minuten marinieren lassen.

2. Artischocken abtropfen lassen und Knoblauch in Scheiben schneiden. Zitronensaft mit Wein, Öl, Knoblauchscheiben und Petersilie pürieren. Artischocken darin ca. 30 Minuten marinieren. Gemüse mit Marinade auf Tellern anrichten und servieren.

Artischocken-salat

Fertig in: 20 Minuten
Davon aktiv: 20 Minuten

Für 2 Personen:
1 Knoblauchzehe
2 Schalotten
1 TL Olivenöl
50 ml Gemüsebrühe (1/2 TL Instantpulver)
2–3 EL heller Balsamicoessig
2 Tomaten
6 schwarze Oliven ohne Stein
Salz
Pfeffer
1 Prise Zucker
1 Dose Artischockenherzen
(400 g Abtropfgewicht)
100 g Rucola

1. Für das Dressing Knoblauch pressen. Schalotten schälen und fein würfeln. Öl in einer Pfanne erhitzen und Knoblauch mit Schalottenwürfeln darin andünsten. Mit Brühe und Balsamicoessig ablöschen, vom Herd nehmen und abkühlen lassen.

2. Tomaten waschen und würfeln. Oliven in Scheiben schneiden und mit den Tomatenwürfeln unter das Brühe-Essig-Gemisch rühren. Mit Salz, Pfeffer und Zucker würzen.

3. Artischocken abtropfen lassen und vierteln. Rucola waschen, trocken schleudern und mit Artischockenvierteln auf Tellern anrichten. Mit Dressing beträufeln und servieren.

pro Person 2 ProPoints Wert | 758 kJ | 181 kcal

Grüner Spargel mit Melonensalsa

Fertig in: 30 Minuten
Davon aktiv: 20 Minuten

Für 2 Personen:
500 g grüner Spargel (ersatzweise TK)
Salz
250 g Tomaten
150 g Fruchtfleisch von einer Wassermelone
4 Stiele Basilikum
1 EL Olivenöl
Pfeffer
50 g Ziegenfrischkäse
6 Grissini

1. Spargel waschen, unteres Drittel schälen und Spargel in kochendem Salzwasser ca. 6–8 Minuten garen.

2. Für die Melonensalsa Tomaten waschen, vierteln und entkernen. Mit Melone in kleine Würfel schneiden. Basilikum waschen, trocken schütteln und in Streifen schneiden. Tomaten- und Melonenwürfel mit Basilikumstreifen und Öl vermengen. Mit Salz und Pfeffer würzen.

3. Spargel abgießen und gut abtropfen lassen, lauwarm abkühlen lassen. Auf einer Platte anrichten und Salsa darüber verteilen. Käse zerbröckeln, darüberstreuen und mit Grissini servieren.

pro Person 5 ProPoints Wert | 1051 kJ | 252 kcal

Gemüsewraps mit Joghurtcreme

Fertig in: 25 Minuten
Davon aktiv: 10 Minuten

Für 2 Personen:
4 Karotten
1 kleine rote Zwiebel
1 rote Paprika
1 TL Pflanzenöl
Salz
Pfeffer
125 g fettarmer Joghurt
2 EL Schmand
1 TL Senf
1 EL Schnittlauchringe
2 Tortillafladen (à 40 g)

pro Person 6 ProPoints Wert | 1262 kJ 302 kcal

1. Karotten und Zwiebel schälen. Karotten in Stifte schneiden und Zwiebel würfeln. Paprika waschen, entkernen und in schmale Streifen scheiden. Öl in einer Pfanne erhitzen, Karottenstifte, Paprikastreifen und Zwiebelwürfel darin ca. 5 Minuten braten. Gemüse zugedeckt weitere ca. 5 Minuten dünsten, salzen und pfeffern.

2. Joghurt, Schmand, Senf und Schnittlauch verrühren und mit Salz und Pfeffer würzen. Tortillafladen fettfrei in einer Pfanne jeweils ca. 1 Minute von jeder Seite rösten, mit Joghurtcreme bestreichen und mit Gemüse belegen. Tortillafladen einrollen und servieren.

Dazu passt sehr gut ein Gurken- oder Tomatenrelish, ...

... eine englische Würzsauce aus Gemüsewürfeln, Essig, Senf, Kräutern und Zucker.

Wenn es schnell gehen muss ...

... verwenden Sie statt der Joghurtcreme 1 Becher (130 g) **Weight Watchers** Brotaufstrich Tomate Mozzarella.

Amerikanischer Weißkohlsalat

Fertig in: 2 Stunden 25 Minuten
Davon aktiv: 25 Minuten

Für 8 Personen:
1 Weißkohl (ca. 1,2 kg)
3 Karotten
1 Zitrone
80 g Salatcreme, bis 20 % Fett
250 g fettarmer Joghurt
50 ml fettarme Milch
1–2 EL Apfelessig
Salz
Pfeffer
2 TL Zucker
einige Blätter glatte Petersilie

1. Weißkohl putzen, vierteln, den Strunk entfernen und Weißkohl in feine Streifen schneiden oder hobeln. Karotten schälen und fein raspeln.

2. Für das Dressing Zitrone auspressen. Zitronensaft mit Salatcreme, Joghurt, Milch und Essig verrühren. Dressing mit 1 Teelöffel Salz, Pfeffer und Zucker würzen. Weißkohlstreifen und Karottenraspel unterheben und gut durchmischen. Salat ca. 2 Stunden kalt gestellt ziehen lassen.

3. Weißkohlsalat mit Salz und Pfeffer abschmecken. Petersilie waschen, trocken schütteln und Salat mit Petersilie garniert servieren.

pro Person 1 ProPoints Wert | 392 kJ 94 kcal

Griechischer Bauernsalat

Fertig in: 20 Minuten
Davon aktiv: 20 Minuten

Für 4 Personen:
1 Salatgurke
8 Tomaten
6 eingelegte Peperoni ohne Öl
1 rote Zwiebel
200 g Schafskäse light
12 schwarze Oliven ohne Stein
1 kleine Knoblauchzehe
1 Orange
250 g fettarmer Joghurt
Salz
Pfeffer
1 TL gehackter Oregano

1. Gurke waschen, längs halbieren und in Scheiben schneiden. Tomaten waschen und in Spalten schneiden. Peperoni abtropfen lassen, Zwiebel schälen und mit Peperoni in Ringe schneiden. Schafskäse würfeln. Gurkenscheiben mit Tomatenspalten, Peperoni- und Zwiebelringen, Schafskäsewürfeln und Oliven vermengen.

2. Knoblauch pressen. Orange schälen und filetieren, dabei den Saft auffangen. Für das Dressing Joghurt mit Orangensaft und Knoblauch verrühren und mit Salz, Pfeffer und Oregano würzen. Griechischen Bauernsalat mit Dressing beträufeln und nach Wunsch mit Basilikum garniert servieren.

pro Person 5 ProPoints Wert | 793 kJ 190 kcal

Genießen Sie …
… die Orangenfilets einfach als Dessert.

Gebratener Spargelsalat

Fertig in: 30 Minuten
Davon aktiv: 15 Minuten

Für 4 Personen:
je 500 g dünner weißer und grüner Spargel
1 Romanasalat (oder 3 Salatherzen)
1 EL Kürbiskerne
1 TL Pflanzenöl
Salz
Pfeffer
6–8 EL heller Balsamicoessig
3 TL Honig

pro Person 1 ProPoints Wert | 552 kJ 132 kcal

1. Weißen Spargel schälen und die holzigen Enden abschneiden. Grünen Spargel waschen und das untere Drittel schälen. Spargel jeweils in ca. 6 cm lange Stücke schneiden.

2. Salat waschen, trocken schleudern und in mundgerechte Stücke zerteilen. Kürbiskerne fettfrei in einer Pfanne rösten und zur Seite stellen. Öl in der Pfanne erhitzen, Spargelstücke darin ca. 10–15 Minuten rundherum braten und abkühlen lassen.

3. Spargelstücke mit Salz, Pfeffer, Balsamicoessig und Honig würzen. Spargelstücke und Salat vermischen und mit Salz und Pfeffer abschmecken. Mit Kürbiskernen bestreuen und nach Wunsch mit Kräutern garniert servieren.

Für eine leckere Variante...

... mischen Sie zusätzlich 200 g Erdbeeren in Würfeln unter den Salat.

Rucola-Käse-Salat mit Chili-Mango-Dressing

Fertig in: 25 Minuten
Davon aktiv: 15 Minuten

Für 2 Personen:
1 getrocknete Tomate ohne Öl
60 ml heiße Gemüsebrühe
(1/2 TL Instantpulver)
120 g Rucola
1/2 Mango
180 g Schafskäse light
1/2 TL gehackter Thymian
Salz
Pfeffer
1 rote Chilischote
1 TL Pflanzenöl
1 TL Zitronensaft
1 TL Agavendicksaft
4 Scheiben Ciabattabrot

pro Person 9 ProPoints Wert | 1670 kJ 400 kcal

1. Backofen auf 200° C (Gas: Stufe 3, Umluft: 180° C) vorheizen. Tomate in Brühe ca. 10 Minuten einweichen. Rucola waschen, trocken schleudern und auf Tellern anrichten. Mango schälen, Fruchtfleisch vom Stein und in Spalten schneiden. Die Hälfte der Mangospalten auf dem Salat verteilen. Tomate abgießen, Sud auffangen und Tomate in kleine Stücke schneiden.

2. Schafskäse in Scheiben schneiden und auf Alufolie legen. Mit Thymian bestreuen, mit Salz und Pfeffer würzen und Alufolie verschließen. Im Backofen auf mittlerer Schiene ca. 10 Minuten backen.

3. Für das Dressing Chilischote waschen, entkernen und in Ringe schneiden. Restliche Mangospalten grob hacken und mit Tomatensud pürieren. Mit Tomatenstücken, Chiliringen, Öl, Zitronensaft und Agavendicksaft verrühren und mit Salz und Pfeffer würzen. Salat mit Dressing beträufeln und mit gebackenem Schafskäse auf Ciabattabrot servieren.

Radieschen-Champignon-Carpaccio

Fertig in: 20 Minuten
Davon aktiv: 20 Minuten

Für 2 Personen:
1 Bund Radieschen
250 g Champignons
1 säuerlicher Apfel (z. B. Braeburn)
4 TL Senf
1 TL Paprikapulver
75 ml Gemüsebrühe
(1/2 TL Instantpulver)
2 TL Zitronensaft
2 TL kalorienreduziertes Himbeergelee
2 TL Pflanzenöl
Salz
grob gemahlener Pfeffer
1 TL gehackter Kerbel
4 Scheiben geröstetes Baguette

1. Radieschen waschen, Champignons trocken abreiben und beides in sehr dünne Scheiben schneiden. Apfel waschen, vierteln und entkernen. Zwei Apfelviertel in kleine Würfel, die restlichen Viertel in dünne Scheiben schneiden. Radieschen-, Champignon- und Apfelscheiben auf Tellern anrichten.

2. Für das Dressing Senf mit Paprikapulver, Brühe, Zitronensaft, Himbeergelee, Apfelwürfeln und Öl verrühren und mit Salz und Pfeffer abschmecken.

3. Dressing über dem Radieschen-Champignon-Carpaccio verteilen, mit Salz und Pfeffer würzen und mit Kerbel bestreut mit Baguette servieren.

pro Person
5 ProPoints Wert
1060 kJ
254 kcal

Dreierlei Veggie-Makis

Fertig in: 45 Minuten
Davon aktiv: 25 Minuten

Für 30 Stück:
300 g trockener Sushireis
Salz
2–3 EL Reisessig
1 TL Zucker
1 Salatgurke
1 rote Paprika
1 Avocado (ca. 150 g)
5 Noriblätter
1–2 TL Wasabipaste
50 ml Sojasauce

pro Stück 1 ProPoints Wert | 221 kJ 53 kcal

1. Reis nach Packungsanweisung in Salzwasser garen. Essig mit Zucker und 1/2 Teelöffel Salz verquirlen. Reis in eine breite Schüssel geben, Essigmischung darunterheben und ausdampfen lassen. Gurke waschen, längs vierteln und Kerne mit einem Messer entfernen. Paprika waschen, entkernen und mit Gurkenvierteln in ca. 1 cm dicke Streifen schneiden. Avocado schälen und in Spalten vom Stein schneiden.

2. Noriblatt mit der glänzenden Seite nach unten auf eine Bambusmatte legen. 1/5 vom Reis darauf verteilen und oben an einer der Längsseiten einen ca. 2 cm breiten Rand frei lassen. Reisfläche mit etwas Wasabipaste bestreichen und einige Avocadospalten auf das untere Drittel der Reisfläche legen. Noriblatt mithilfe der Bambusmatte von unten nach oben aufrollen. Reisfreien Noriblattrand mit Wasser anfeuchten, an der Makirolle festkleben und Rolle auf die Klebeflächen legen.

3. Vorgang je zweimal mit Gurken- und Paprikastreifen wiederholen. Makirollen in je 6 Stücke schneiden und mit Sojasauce und restlichem Gemüse servieren.

Romanasalat mit Käsecroûtons

Fertig in: 30 Minuten
Davon aktiv: 25 Minuten

Für 4 Personen:
1 Romanasalat
3 Tomaten
1 grüne Paprika
1 Zwiebel
150 g Mais (Konserve)
1/2 Zitrone
2 TL Olivenöl
200 ml Molke
2 TL kalorienreduzierte Aprikosenkonfitüre
Salz, Pfeffer
4 Scheiben Sandwichtoast
60 g geriebener Parmesan

pro Person 6 ProPoints Wert | 1120 kJ 266 kcal

1. Romanasalat waschen, trocken schleudern und in Streifen schneiden. Tomaten waschen und würfeln. Paprika waschen, entkernen und in Streifen schneiden. Zwiebel schälen und in Ringe schneiden. Mais abtropfen lassen.

2. Für das Dressing Zitronenhälfte auspressen. Zitronensaft mit 1 Teelöffel Öl, Molke und Aprikosenkonfitüre verrühren. Mit Salz und Pfeffer würzen. Für die Croûtons Toastscheiben würfeln und fettfrei in einer Pfanne rösten. Mit restlichem Öl beträufeln und mit Parmesan bestreuen.

3. Salatstreifen mit Tomatenwürfeln, Paprikastreifen, Mais und Zwiebelringen vermengen. Salat mit Dressing beträufeln und mit Käsecroûtons bestreut servieren.

Wilder Reissalat mit Fenchel

Fertig in: 50 Minuten
Davon aktiv: 15 Minuten

Für 4 Personen:
120 g trockene Wildreismischung
350 ml Gemüsebrühe
(1 TL Instantpulver)
2 Fenchelknollen
4 Frühlingszwiebeln
160 g Gouda, 30 % Fett i. Tr.
1 Dose Mais (285 g Abtropfgewicht)
250 ml Ananassaft
5 EL heller Balsamicoessig
1 EL Olivenöl
2 EL gehackte Petersilie
Salz
Pfeffer

pro Person
9 ProPoints Wert®
1572 kJ
374 kcal

1. Reis nach Packungsanweisung in Brühe garen. Fenchel waschen, halbieren, den Strunk entfernen und Fenchel in sehr feine Streifen schneiden. Frühlingszwiebeln waschen und in feine Streifen schneiden. Käse würfeln. Mais abtropfen lassen. Reis abgießen und abkühlen lassen.

2. Für das Dressing Ananassaft mit Balsamicoessig, Öl und Petersilie verrühren. Mit Salz und Pfeffer würzen. Reis mit Fenchelstreifen, Mais, Käsewürfeln und Frühlingszwiebelstreifen vermengen und mit Dressing beträufeln. Salat ca. 30 Minuten ziehen lassen und servieren.

Wenn Sie keinen Käse mögen, ...

... können Sie den Salat auch mit 2 Äpfeln, in Würfel geschnitten, zubereiten. Der *ProPoints®* Wert pro Person reduziert sich auf 6 (1276 kJ / 304 kcal).

Gefüllte Weinblätter mit Gurkensalat

Fertig in: 65 Minuten
Davon aktiv: 30 Minuten

Für 4 Personen:
20 eingelegte Weinblätter in Lake
1 rote Zwiebel
4 TL Olivenöl
80 g trockener Risottoreis
170 ml Wasser
Salz
1 Fleischtomate
1 Knoblauchzehe
2 EL Zitronensaft
1 TL gehackter Oregano
25 g getrocknete Aprikosen
Pfeffer
125 ml Gemüsebrühe
(1/2 TL Instantpulver)
2 Salatgurken
120 g Schafskäse light
200 g fettarmer Joghurt

pro Person 6 ProPoints Wert | 1205 kJ
288 kcal

1. Weinblätter ca. 10 Minuten wässern. Zwiebel schälen und würfeln. 3 Teelöffel Öl in einer Pfanne erhitzen und die Hälfte der Zwiebelwürfel darin kurz anbraten. Reis dazugeben und glasig dünsten. Mit Wasser ablöschen, salzen und Reis ca. 10–15 Minuten leicht bissfest garen.

2. Weinblätter abtropfen lassen und Stiele abschneiden. Tomate kreuzweise einschneiden, mit kochendem Wasser überbrühen, häuten, vierteln und entkernen. 1/2 Knoblauchzehe pressen, mit Tomatenvierteln, 1 Esslöffel Zitronensaft und Oregano pürieren. Aprikosen fein hacken. Mit Tomatenpüree unter den Reis rühren und mit Salz und Pfeffer abschmecken.

3. Backofen auf 200° C (Gas: Stufe 3, Umluft: 180° C) vorheizen. Je 1 Teelöffel Reismischung auf ein Weinblatt geben, die Seiten über der Reismischung zusammenschlagen und längs aufrollen. Weinblätter eng beieinander in eine Auflaufform (ca. 15 x 15 cm) legen, mit Brühe aufgießen und mit Alufolie zugedeckt im Backofen auf mittlerer Schiene ca. 35 Minuten garen.

4. Gurken waschen und in Scheiben hobeln. Für das Dressing den Schafskäse zerbröseln und mit Joghurt, restlichem Zitronensaft, Knoblauch und restlichem Öl pürieren. Restliche Zwiebelwürfel unterheben und mit Salz und Pfeffer abschmecken. Gurkenscheiben mit dem Dressing beträufeln. Weinblätter vorsichtig abgießen und mit Gurkensalat servieren.

Weißkohlsalat mit Granatapfel

Fertig in: 75 Minuten
Davon aktiv: 15 Minuten

Für 2 Personen:
1/2 Weißkohl (ca. 500 g)
Salz
2 TL Rapsöl
1 TL körniger Senf
1–2 EL Weißweinessig
2 EL Apfelsaft
5 EL Gemüsebrühe (2 Prisen Instantpulver)
Pfeffer
1 Granatapfel
2 TL gehackte Petersilie
2 Mehrkornbrötchen

1. Kohl putzen, vierteln, den Strunk entfernen und Kohl in feine Streifen hobeln. Kohlstreifen in einer Schüssel mit 1/2 Teelöffel Salz gut verkneten und ca. 15 Minuten ziehen lassen. Öl, Senf, Essig, Apfelsaft und Brühe verrühren, salzen, pfeffern, unter die Kohlstreifen mischen und weitere ca. 45 Minuten ziehen lassen.

2. Granatapfel halbieren, die Kerne herauslösen und unter den Salat mischen. Weißkohlsalat mit Salz und Pfeffer abschmecken, mit Petersilie bestreuen und mit Mehrkornbrötchen servieren.

pro Person 5 ProPoints Wert | 1658 kJ | 397 kcal

Rote-Bete-Carpaccio mit Käse

Fertig in: 20 Minuten
Davon aktiv: 15 Minuten

Für 2 Personen:
2 vorgegarte Rote Bete (vakuumverpackt)
Salz
Pfeffer
50 g Feldsalat
2 Ziegenfrischkäsetaler (à 20 g)
1 TL Honig
2 EL Balsamicocreme
2–3 EL Gemüsebrühe (1 Prise Instantpulver)
2 TL Olivenöl
1/2 Beet Kresse
2 Ecken Roquefort (à 30 g)
4 Scheiben Ciabattabrot

1. Backofen auf 160° C (Gas: Stufe 1, Umluft: 140° C) vorheizen. Rote Bete in dünne Scheiben hobeln, auf Tellern anrichten und mit Salz und Pfeffer würzen. Salat waschen, trocken schleudern und mittig auf den Rote-Bete-Scheiben verteilen.

2. Ziegenkäsetaler auf ein mit Backpapier ausgelegtes Backblech legen. Mit Honig beträufeln und mit Salz und Pfeffer würzen. Im Backofen auf oberster Schiene ca. 3–5 Minuten backen, bis der Käse anfängt zu zerlaufen.

3. Balsamicocreme mit Brühe und Öl verrühren und mit Salz und Pfeffer abschmecken. Rote-Bete-Carpaccio mit Dressing beträufeln. Kresse vom Beet schneiden. Roquefortecken halbieren und mit Ziegenkäsetalern auf dem Salat anrichten, mit Kresse bestreuen und mit Ciabatta servieren.

pro Person 10 ProPoints Wert | 2191 kJ | 522 kcal

Spicy Bohnensalat

Fertig in: 60 Minuten
Davon aktiv: 15 Minuten

Für 4 Personen:
800 g festkochende Kartoffeln
Salz
200 g grüne Bohnen (TK)
1 Glas Wachsbohnen
(185 g Abtropfgewicht)
1 Glas weiße Bohnen
(250 g Abtropfgewicht)
1 Knoblauchzehe
250 ml Tomatensaft
4 EL dunkler Balsamicoessig
2 TL Pflanzenöl
2 TL Sambal Oelek
(ersatzweise Chiliflocken)
2 TL gehacktes Bohnenkraut
1 TL Zucker

pro Person 6 ProPoints Wert | 1259 kJ
301 kcal

1. Kartoffeln waschen und mit Schale ca. 25 Minuten in Salzwasser garen. Grüne Bohnen ca. 8 Minuten in Salzwasser bissfest garen. Wachs- und weiße Bohnen abtropfen lassen.

2. Für das Dressing Knoblauch pressen. Tomatensaft mit Balsamicoessig, Öl, 1/4 Teelöffel Salz, Sambal Oelek, Bohnenkraut, Zucker und Knoblauch pürieren. Grüne Bohnen abgießen und abkühlen lassen. Kartoffeln abgießen, pellen und würfeln. Bohnen mit Kartoffelwürfeln und Dressing vermengen, ca. 20 Minuten ziehen lassen und servieren.

Radicchio-Champignon-Salat

Fertig in: 25 Minuten
Davon aktiv: 20 Minuten

Für 4 Personen:
300 g Radicchio
500 g Champignons
2 TL Pflanzenöl
1/2 TL Chiliflocken
(ersatzweise Chilipulver)
3 EL dunkler Balsamicoessig
Salz
1 TL gehackter Rosmarin
200 ml Apfelsaft
100 ml Gemüsebrühe
(1/2 TL Instantpulver)
Pfeffer
80 g geriebener Parmesan

pro Person 3 ProPoints Wert | 973 kJ
232 kcal

1. Radicchio waschen, trocken schleudern und in mundgerechte Stücke zerteilen. Champignons trocken abreiben und halbieren.

2. Öl in einer Pfanne erhitzen und Champignonhälften darin ca. 5 Minuten braten. Mit Chiliflocken bestreuen und mit Balsamicoessig ablöschen. Mit Salz und Rosmarin würzen und Pilze aus der Pfanne nehmen. Bratensatz mit Apfelsaft und Brühe ablöschen, salzen, pfeffern.

3. Radicchio auf Tellern anrichten, mit Pilzen belegen und mit Bratensatz beträufeln. Mit Parmesan bestreut servieren.

Wenn Sie keinen Radicchio mögen, …

… können Sie auch 150 g Feldsalat und 150 g Friséesalat verwenden.

Grüner Bohnensalat in Tacoschalen

Fertig in: 25 Minuten
Davon aktiv: 15 Minuten

Für 2 Personen:
250 g grüne Bohnen
Salz
50 g Avocado
1/2 Salatgurke
1/2 Eisbergsalat
1 Schalotte
1/2 rote Chilischote
2 TL Olivenöl
3 EL Apfelsaft
1 EL Weißweinessig
Pfeffer
1 EL gehackte Petersilie
4 Tacoschalen

pro Person
5 ProPoints Wert
1102 kJ
263 kcal

1. Bohnen waschen, in Stücke schneiden und in kochendem Salzwasser ca. 10 Minuten garen. Abgießen und kalt abschrecken.

2. Avocado halbieren, Stein entfernen, Fruchtfleisch aus der Schale lösen und würfeln. Gurke und Salat waschen. Gurke in Würfel schneiden, Salat trocken schleudern und in Streifen schneiden.

3. Für das Dressing Schalotte schälen und fein würfeln. Chilischote waschen, entkernen, fein hacken und mit Öl, Apfelsaft, Essig und Schalottenwürfeln verrühren. Mit Salz und Pfeffer würzen. Bohnen, Avocado- und Gurkenwürfel mit Salat, Petersilie und mit der Chili-Vinaigrette vermengen, in den Tacoschalen anrichten und servieren.

Für einen original orientalischen Geschmack …

… bestreuen Sie das Tabouleh mit 1 Esslöffel gehackter Minze.

Orientalisches Tabouleh

Fertig in: 25 Minuten
Davon aktiv: 15 Minuten

Für 4 Personen:
200 g trockener Bulgur
500 ml Gemüsebrühe (2 TL Instantpulver)
1 Bund Frühlingszwiebeln
1 Salatgurke
1 Papaya
1 Dose Linsen (385 g Abtropfgewicht)
1 TL Pflanzenöl
2 EL gehackte Petersilie
Salz
Pfeffer
1/2 TL Ras el Hanout
1 Knoblauchzehe
250 g fettarmer Joghurt
1 EL Limettensaft

1. Bulgur in Brühe zugedeckt ca. 10 Minuten garen. Frühlingszwiebeln und Gurke waschen. Frühlingszwiebeln in Ringe schneiden. Papaya schälen, halbieren, Kerne mit einem Löffel entfernen und mit Gurke würfeln. Linsen abtropfen lassen.

2. Frühlingszwiebelringe, Gurken- und Papayawürfel mit Linsen unter den Bulgur heben. Öl und 1 Esslöffel Petersilie unterheben. Mit Salz, Pfeffer und Ras el Hanout würzen. Knoblauch pressen. Joghurt mit Limettensaft, Knoblauch, restlicher Petersilie, Salz und Pfeffer verrühren und zum Tabouleh servieren.

pro Person 8 ProPoints Wert | 1703 kJ 405 kcal

Couscous-Schichtsalat

Fertig in: 90 Minuten
Davon aktiv: 15 Minuten

Für 4 Personen:
120 g trockener Couscous
180 ml heiße Gemüsebrühe
(1/2 TL Instantpulver)
1/2 Bund glatte Petersilie
1/2 Bund Minze
2 rote Paprika
1 Salatgurke
1 Mango
300 g Magermilchjoghurt
2 EL Salatcreme, bis 10 % Fett
1 TL Zitronensaft
1 TL Honig
1/2 TL Chilipulver
Salz

1. Couscous mit Brühe übergießen und ca. 3–5 Minuten quellen lassen. Petersilie und Minze waschen, trocken schütteln und hacken. 1 Teelöffel als Garnitur zur Seite stellen. Paprika waschen und entkernen. Gurke und Mango schälen. Mangofruchtfleisch vom Stein schneiden und mit Paprika und Gurke in Würfel schneiden. Für das Dressing Joghurt mit Salatcreme, Zitronensaft und Honig verrühren. Mit Chilipulver und Salz würzen.

2. Couscous mit gehackten Kräutern vermischen. Erst Gurkenwürfel, dann Paprikawürfel, dann Couscous und zum Abschluss Mangowürfel in 4 Gläser füllen. Mit restlichen Kräutern bestreuen und Salat ca. 1 Stunde durchziehen lassen. Mit Joghurt-Zitronen-Dressing servieren.

pro Person 5 ProPoints Wert | 1041 kJ 248 kcal

Rote-Bete-Apfel-Salat

Fertig in: 30 Minuten
Davon aktiv: 15 Minuten

Für 2 Personen:
2 Rote Bete
1 säuerlicher Apfel (z. B. Cox Orange)
1 kleine Zwiebel
1/2 TL Tafelmeerrettich
3 EL Frischkäse, bis 1 % Fett absolut
1 EL Weißweinessig
5 EL Gemüsebrühe
(2 Prisen Instantpulver)
1 TL Pflanzenöl
Salz
Pfeffer
1 TL Schnittlauchringe
2 Scheiben Pumpernickel

pro Person 4 ProPoints Wert | 1425 kJ
339 kcal

1. Rote Bete schälen, Apfel waschen, vierteln, entkernen und beides in feine Stifte schneiden. Zwiebel schälen, würfeln und mit Rote-Bete- und Apfelstiften vermengen.

2. Für das Dressing Meerrettich, Frischkäse, Essig, Brühe und Öl verrühren und mit Salz und Pfeffer würzen. Salat mit Dressing beträufeln und ca. 15 Minuten ziehen lassen. Mit Schnittlauch bestreuen und mit Pumpernickel servieren.

Rote Bete...

... färbt stark. Tragen Sie deshalb bei der Verarbeitung Handschuhe.

Wintersalat mit gebackenem Schafskäse

Fertig in: 20 Minuten
Davon aktiv: 10 Minuten

Für 1 Person:
1/2 kleiner Radicchio
50 g Feldsalat
1 Orange
2 EL heller Balsamicoessig
3 EL Gemüsebrühe
(1 Prise Instantpulver)
1 TL Honig
1/2 TL gehackter Thymian
Salz
grober Pfeffer
100 g Schafskäse light
1 EL gehackte Walnüsse
2 Scheiben Baguette

pro Person
11 ProPoints Wert | 2428 kJ
581 kcal

1. Backofen auf 180° C (Gas: Stufe 2, Umluft: 160° C) vorheizen. Radicchio und Feldsalat waschen, trocken schleudern und Radicchio in mundgerechte Stücke zerteilen. Orange schälen, filetieren und den Saft auffangen.

2. Für das Dressing Orangensaft, Balsamicoessig, Brühe, Honig und Thymian verrühren und mit Salz und Pfeffer abschmecken. Schafskäse in eine Auflaufform (ca. 10 x 10 cm) legen und mit etwas Dressing beträufeln. Im Backofen auf mittlerer Schiene ca. 10 Minuten backen.

3. Orangenfilets mit Salat mischen, mit gebackenem Schafskäse anrichten und mit restlichem Dressing beträufeln. Mit Walnüssen bestreuen und mit Baguette servieren.

Alles zum Löffeln

In diesem Kapitel finden Sie Wohlfühlrezepte für Suppen- und Eintopfliebhaber passend zu jeder Jahreszeit. Kreative und überraschende Kompositionen aus dem Suppentopf: Erbsen mit Minze, Süßkartoffel mit Ingwer, Fenchel mit Koriander, aber auch Bewährtes wie Tomatencreme- und Frühlingssuppe bringen Freude auf den tiefen Teller.

Bärlauchsuppe mit Croûtons

Fertig in: 35 Minuten
Davon aktiv: 15 Minuten

Für 2 Personen:
200 g mehligkochende Kartoffeln
200 g Knollensellerie
1/2 Bund Frühlingszwiebeln
2 TL Pflanzenöl
500 ml Gemüsebrühe
(2 TL Instantpulver)
1 Scheibe Toast
1 Knoblauchzehe
Salz
1 Bund Bärlauch
3 EL Crème légère
Pfeffer

pro Person
5 ProPoints Wert
968 kJ
233 kcal

1. Kartoffeln und Sellerie schälen und würfeln. Frühlingszwiebeln waschen und in Ringe schneiden. 1 Teelöffel Öl in einem Topf erhitzen und Kartoffel-, Selleriewürfel und Frühlingszwiebelringe darin ca. 5 Minuten andünsten. Mit Brühe ablöschen und ca. 15–20 Minuten garen.

2. Toast würfeln und Knoblauch pressen. Restliches Öl in einer Pfanne erhitzen, Toastwürfel mit Knoblauch darin ca. 3 Minuten braten und mit Salz würzen.

3. Bärlauch waschen, trocken schütteln und in Streifen schneiden. Bärlauchstreifen mit Crème légère zur Suppe geben und pürieren. Bärlauchsuppe mit Salz und Pfeffer würzen und mit Croûtons bestreut servieren.

Kohlrabisuppe mit Pumpernickeltalern

Fertig in: 30 Minuten
Davon aktiv: 15 Minuten

Für 4 Personen:
1 kg Kohlrabi
1 Liter Gemüsebrühe
(2 EL Instantpulver)
1/2 Bund Basilikum
1/2 Beet Kresse
8 Pumpernickeltaler
200 g Kräuterfrischkäse,
bis 1 % Fett absolut
Salz
Pfeffer
2 Prisen geriebene Muskatnuss

pro Person 2 ProPoints Wert | 643 kJ 155 kcal

1. Kohlrabi schälen, würfeln und in Brühe ca. 15 Minuten garen. Basilikum waschen, trocken schütteln und hacken. Kresse vom Beet schneiden. Pumpernickeltaler mit 80 g Frischkäse bestreichen und mit Kresse bestreuen.

2. Suppe pürieren, mit restlichem Frischkäse und Basilikum verfeinern. Mit Salz, Pfeffer und Muskatnuss würzen. Kohlrabisuppe mit Pumpernickeltalern servieren.

Leichte Minestrone

Fertig in: 40 Minuten
Davon aktiv: 20 Minuten

Für 6 Personen:
1/4 Wirsing (ca. 300 g)
2 Stangen Staudensellerie
2 Stangen Lauch
3 große Karotten
2 Gläser weiße Bohnen (à 250 g Abtropfgewicht)
1 TL Pflanzenöl
2 EL Tomatenmark
1,5 Liter Gemüsebrühe (3 EL Instantpulver)
500 g stückige Tomaten (Konserve)
50 g trockene Hörnchennudeln
Salz
Pfeffer
1 EL grünes Pesto
2 TL gehackter Oregano

1. Wirsing putzen, vierteln, den Strunk entfernen und Wirsing in Streifen schneiden. Sellerie und Lauch waschen, Sellerie in Stücke und Lauch in Ringe schneiden. Karotten schälen und in Scheiben schneiden. Bohnen abtropfen lassen.

2. Öl in einem Topf erhitzen und Wirsingstreifen, Selleriestücke, Karottenscheiben und Lauchringe darin ca. 3 Minuten anbraten. Tomatenmark zugeben und ca. 2 Minuten anschwitzen. Mit Brühe und Tomaten ablöschen. Bohnen und Nudeln zufügen und ca. 15 Minuten zugedeckt garen. Minestrone mit Salz, Pfeffer, Pesto und Oregano würzen und servieren.

pro Person 3 ProPoints Wert | 827 kJ, 199 kcal

Tofucurry mit Asiagemüse

Fertig in: 25 Minuten
Davon aktiv: 5 Minuten

Für 2 Personen:
80 g trockener Basmatireis
Salz
200 g Tofu
1 TL Pflanzenöl
1 EL gelbe Currypaste
500 g Asiagemüse (TK)
200 ml Gemüsebrühe (1 TL Instantpulver)
3 EL Kokosmilch
2 EL Korianderblättchen

1. Reis nach Packungsanweisung in Salzwasser garen. Tofu in Würfel schneiden. Öl in einer Pfanne erhitzen, Tofuwürfel mit Currypaste darin ca. 3 Minuten rundherum anbraten und herausnehmen. Asiagemüse im Bratensatz kurz andünsten.

2. Gemüse mit Brühe und Kokosmilch ablöschen, aufkochen und ca. 5 Minuten garen. Tofuwürfel mit Koriander unter das Curry rühren und kurz erwärmen. Tofucurry mit Salz abschmecken und mit Reis servieren.

pro Person 10 ProPoints Wert | 1933 kJ, 462 kcal

Ersetzen Sie ...

... das TK-Gemüse durch frische Karottenstifte, Paprikastreifen, Lauchringe, Shiitakepilze und Mungobohnensprossen.

Frühlingssuppe mit Frischkäse

Fertig in: 25 Minuten
Davon aktiv: 10 Minuten

Für 2 Personen:
2 Schalotten
2 Pastinaken (ca. 160 g)
1 Bund Kräutermischung für Frankfurter Grüne Sauce (ersatzweise Basilikum, Kerbel, Petersilie, Schnittlauch)
1 TL Pflanzenöl
475 ml Gemüsebrühe (2 TL Instantpulver)
50 ml trockener Weißwein
100 g Frischkäse, bis 1 % Fett absolut
Salz
Pfeffer
1/2 Beet Kresse

pro Person
2 ProPoints Wert | 672 kJ
161 kcal

1. Schalotten und Pastinaken schälen und würfeln. Kräuter waschen, trocken schütteln und hacken. Öl in einem Topf erhitzen, Schalotten- und Pastinakenwürfel darin andünsten. Mit Brühe und Wein ablöschen, Kräuter zufügen und ca. 12 Minuten garen.

2. Frischkäse einrühren und Suppe pürieren. Mit Salz und Pfeffer abschmecken. Kresse vom Beet schneiden und Frühlingssuppe mit Kresse bestreut servieren.

Als Garnitur...

... braten Sie dünne Pastinakenscheiben ohne Fett kurz an und streuen Sie diese über die Suppe.

Asiatische Gemüsesuppe

Fertig in: 30 Minuten
Davon aktiv: 15 Minuten

Für 4 Personen:
150 g Shiitakepilze
(ersatzweise Champignons)
1 Stange Lauch
4 Karotten
1 Stück Ingwer (ca. 2 cm)
1 Glas Bambussprossen
(175 g Abtropfgewicht)
1 Knoblauchzehe
2 Stängel Zitronengras
1 Liter Gemüsebrühe
(1 EL Instantpulver)
1 TL Sambal Oelek
5 EL Sojasauce
Pfeffer

1. Shiitakepilze trocken abreiben. Lauch waschen und in Ringe schneiden. Karotten und Ingwer schälen, Karotten in Streifen schneiden und Ingwer hacken. Bambussprossen abtropfen lassen. Knoblauch pressen und Zitronengras waschen.

2. Brühe in einem Topf aufkochen, Gemüse und Zitronengras zugeben und ca. 15 Minuten garen. Zitronengras entfernen, Suppe mit Sambal Oelek, Sojasauce und Pfeffer abschmecken und nach Wunsch mit asiatischer Kresse (Tahoon) garniert servieren.

pro Person 0 ProPoints Wert | 367 kJ 89 kcal

Gazpacho mit Gemüsewürfeln

Fertig in: 90 Minuten
Davon aktiv: 30 Minuten

Für 6 Personen:
1 Salatgurke
2 Schalotten
je 1 rote und grüne Paprika
6 Tomaten
1 Fenchelknolle
1 Bund Basilikum
1 Knoblauchzehe
600 g passierte Tomaten (Konserve)
250 ml Gemüsebrühe
(1 TL Instantpulver)
4 TL Olivenöl
4 EL Sherryessig
Salz, Pfeffer
1/2 TL Cayennepfeffer
1/2 TL Currypulver
1 TL Paprikapulver

1. Gurke und Schalotten schälen. Paprika, Tomaten und Fenchel waschen. Paprika entkernen. Fenchel halbieren und den Strunk entfernen. Gurke, Paprika, Tomaten, Schalotten und Fenchel würfeln. 6 Esslöffel Gemüsewürfel zur Seite stellen. Basilikum waschen, trocken schütteln und Blätter abzupfen.

2. Gemüsewürfel, Knoblauch und die Hälfte der Basilikumblätter mit passierten Tomaten, Brühe, Öl und Essig pürieren. Mit Salz, Pfeffer, Cayennepfeffer, Curry- und Paprikapulver würzen. Gazpacho ca. 60 Minuten kalt stellen.

3. Gazpacho mit Salz und Pfeffer abschmecken. Mit restlichen Gemüsewürfeln und Basilikumblättern garniert servieren.

pro Person 1 ProPoints Wert | 454 kJ | 109 kcal

Tortellini-suppe

Fertig in: 25 Minuten
Davon aktiv: 10 Minuten

Für 4 Personen:
100 g trockene Tortellini mit Käsefüllung
Salz
2 kleine Kohlrabi (ca. 300 g)
300 g Karotten
200 g Petersilienwurzeln (ersatzweise Sellerie)
2 TL Pflanzenöl
1 Liter Gemüsebrühe (1 EL Instantpulver)
Pfeffer
2 EL gehackte Petersilie

1. Tortellini nach Packungsanweisung in Salzwasser bissfest garen. Kohlrabi, Karotten und Petersilienwurzeln schälen und würfeln. Öl in einem Topf erhitzen und Gemüsewürfel darin ca. 3 Minuten anbraten. Brühe zugeben und ca. 10–15 Minuten garen.

2. Tortellini abgießen, zur Suppe zufügen und weitere ca. 3 Minuten garen. Suppe mit Salz und Pfeffer abschmecken und mit Petersilie bestreut servieren.

pro Person 3 ProPoints Wert | 742 kJ | 178 kcal

Broccoli-Kokos-Curry

Fertig in: 30 Minuten
Davon aktiv: 10 Minuten

Für 2 Personen:
100 g trockener Basmatireis
Salz
200 g Blumenkohlröschen
400 g Broccoliröschen
1/2 Bund Frühlingszwiebeln
1 Stück Ingwer (ca. 2 cm)
1/2 Dose Kichererbsen
(120 g Abtropfgewicht)
1 Stängel Zitronengras
1 TL Sesamöl (ersatzweise Pflanzenöl)
1/2 TL Currypulver
1/2 TL Kurkuma
1 Prise Chilipulver
200 ml Kokosmilch light
75 ml Gemüsebrühe
(1/2 TL Instantpulver)
1 EL Kokosraspel
Pfeffer

pro Person
11 ProPoints Wert
2318 kJ
523 kcal

1. Reis nach Packungsanweisung in Salzwasser garen. Blumenkohl- und Broccoliröschen waschen. Blumenkohlröschen ca. 5 Minuten in Salzwasser vorgaren. Broccoliröschen ca. 2 Minuten vor Ende der Garzeit zufügen, mitgaren und abgießen.

2. Frühlingszwiebeln waschen und in Ringe schneiden. Ingwer schälen und fein hacken. Kichererbsen abspülen und abtropfen lassen. Zitronengras waschen. Öl in einem Wok oder einer großen Pfanne erhitzen und Frühlingszwiebelringe mit Ingwer darin ca. 2–3 Minuten anbraten.

3. Currypulver, Kurkuma und Chilipulver zufügen und kurz andünsten. Mit Kokosmilch und Brühe ablöschen. Zitronengras mit Kichererbsen, Blumenkohl- und Broccoliröschen in den Wok geben und ca. 10 Minuten garen. Zitronengras entfernen und Kokosraspel fettfrei in einer Pfanne rösten. Curry mit Salz und Pfeffer würzen, mit Kokosraspeln bestreuen und mit Reis servieren.

Erbsen-Minz-Suppe

Fertig in: 15 Minuten
Davon aktiv: 5 Minuten

Für 2 Personen:
1 kleine Zwiebel
1 kleine Knoblauchzehe
1 EL Pflanzenöl
500 ml Gemüsebrühe
(2 TL Instantpulver)
250 g Erbsen (TK)
1 Msp. getrockneter Thymian
Salz
60 g Hüttenkäse, 20 % Fett i. Tr
bunter Pfeffer
3 Stiele Minze
2 Scheiben Schwarzbrot
(Roggenvollkornbrot)

pro Person 8 ProPoints Wert | 1200 kJ 285 kcal

1. Zwiebel schälen und würfeln, Knoblauch hacken. Öl in einem Topf erhitzen und Zwiebelwürfel mit Knoblauch darin glasig dünsten. Brühe und Erbsen zufügen, aufkochen und mit Thymian und Salz würzen. Zugedeckt ca. 6–8 Minuten garen.

2. Hüttenkäse mit Pfeffer würzen. Minze waschen, trocken schütteln, Blätter zur Suppe geben und alles fein pürieren. Suppe mit Salz und Pfeffer abschmecken und Hüttenkäse darauf anrichten. Erbsen-Minz-Suppe mit Brot servieren.

Kräutercremesuppe mit gerösteten Pinienkernen

Fertig in: 30 Minuten
Davon aktiv: 10 Minuten

Für 4 Personen:
1 Zwiebel
1 Stange Lauch
1 Bund Kräuter
(z. B. Bärlauch, Petersilie, Schnittlauch, Kerbel)
1 TL Olivenöl
750 ml Gemüsebrühe
(3 TL Instantpulver)
4 EL Schmelzkäse, 20 % Fett i. Tr.
100 g Kräuterfrischkäse, bis 1 % Fett absolut
Salz
Pfeffer
1 EL Pinienkerne

1. Zwiebel schälen und Lauch waschen. Zwiebel in Würfel und Lauch in Ringe schneiden. Kräuter waschen, trocken schütteln und grob hacken.

2. Öl in einem Topf erhitzen und Zwiebelwürfel darin ca. 2 Minuten glasig dünsten. Lauchringe und Kräuter zufügen, mit Brühe ablöschen und ca. 12–15 Minuten köcheln lassen.

3. Suppe pürieren, Schmelz- und Kräuterfrischkäse einrühren und mit Salz und Pfeffer abschmecken. Pinienkerne fettfrei in einer Pfanne rösten, Kräutercremesuppe damit bestreuen und servieren.

pro Person
2 ProPoints Wert
429 kJ
103 kcal

← Provenzalische Gemüsesuppe

Fertig in: 35 Minuten
Davon aktiv: 15 Minuten

Für 4 Personen:
1 Aubergine
3 Tomaten
2 rote Paprika
1 Fenchelknolle
3 Zwiebeln
2 Knoblauchzehen
300 g grüne Bohnen
500 ml Gemüsebrühe (2 TL Instantpulver)
2 TL Kräuter der Provence
1/2 TL getrocknetes Bohnenkraut
Salz
Pfeffer

1. Aubergine, Tomaten, Paprika und Fenchel waschen. Zwiebeln schälen. Mit Knoblauch, Aubergine und Tomaten in Würfel schneiden. Paprika entkernen, Fenchel halbieren, den Strunk entfernen und beides in Streifen schneiden. Bohnen waschen und in mundgerechte Stücke schneiden.

2. Auberginen- und Knoblauchwürfel fettfrei in einem großen Topf ca. 5 Minuten anrösten. Zwiebel- und Tomatenwürfel, Fenchel- und Paprikastreifen und grüne Bohnen zufügen. Brühe zugießen, Kräuter untermischen und ca. 20 Minuten köcheln lassen. Provenzalische Gemüsesuppe salzen, pfeffern und servieren.

pro Person 0 ProPoints Wert | 338 kJ
93 kcal

Broccoli-Gnocchi-Suppe

Fertig in: 25 Minuten
Davon aktiv: 10 Minuten

Für 4 Personen:
800 g Broccoliröschen (TK)
1,2 Liter Gemüsebrühe (4 TL Instantpulver)
2 Ecken Schmelzkäse, 20 % Fett i. Tr.
Paprikapulver
Salz
Pfeffer
250 g Gnocchi (Kühltheke)
2 EL saure Sahne

1. Broccoliröschen in Gemüsebrühe ca. 10 Minuten garen. Einige Röschen herausnehmen und zur Seite stellen. Restliche Broccoliröschen pürieren. Suppe mit Schmelzkäse verfeinern und mit Paprikapulver, Salz und Pfeffer abschmecken.

2. Gnocchi mit Broccoliröschen zur Suppe geben und nach Packungsanweisung garen. Saure Sahne mit Paprikapulver, Salz und Pfeffer würzen und Broccoli-Gnocchi-Suppe damit garniert servieren.

pro Person 3 ProPoints Wert | 845 kJ
203 kcal

Cremige Süßkartoffel-Ingwer-Suppe

Fertig in: 40 Minuten
Davon aktiv: 20 Minuten

Für 4 Personen:
500 g Süßkartoffeln
300 g Karotten
1 Stück Ingwer (ca. 2 cm)
2 TL Pflanzenöl
1 Liter Gemüsebrühe
(1 EL Instantpulver)
1 Limette (ersatzweise 1 Zitrone)
80 ml Kokosmilch
Kreuzkümmel
Salz
Pfeffer

1. Süßkartoffeln und Karotten schälen und würfeln, Ingwer schälen und hacken. Öl in einem Topf erhitzen, Süßkartoffel- und Karottenwürfel mit Ingwer darin ca. 5 Minuten andünsten. Mit Brühe ablöschen und ca. 15 Minuten garen.

2. Limette auspressen. Suppe pürieren und mit Kokosmilch und Limettensaft verfeinern. Kurz erwärmen und mit Kreuzkümmel, Salz und Pfeffer abschmecken. Nach Wunsch mit Limettenscheiben und Süßkartoffelwürfeln garniert servieren.

pro Person
5 ProPoints Wert
1023 kJ
246 kcal

Mediterraner Nudel-Bohnen-Topf

Fertig in: 45 Minuten
Davon aktiv: 20 Minuten

Für 4 Personen:
1 Zwiebel
1/2 Knollensellerie (ca. 400 g)
500 g Karotten
1 Knoblauchzehe
1 EL Pflanzenöl
200 g trockene Kritharaki (ersatzweise Gabelspaghetti)
800 g stückige Tomaten (Konserve)
500 ml Gemüsebrühe (2 TL Instantpulver)
1 TL gehackter Oregano
1 TL gehacktes Bohnenkraut
1 Dose weiße Bohnen (490 g Abtropfgewicht)
Salz
Pfeffer

pro Person 8 ProPoints Wert | 1752 kJ 418 kcal

1. Zwiebel, Sellerie und Karotten schälen und würfeln. Knoblauch pressen. Öl in einem Topf erhitzen und Zwiebel-, Sellerie- und Karottenwürfel mit Knoblauch darin ca. 3–4 Minuten anbraten. Kritharaki zugeben, mit Tomaten und Brühe ablöschen. Eintopf mit Oregano und Bohnenkraut würzen und ca. 15 Minuten garen.

2. Bohnen abspülen, abtropfen lassen, unterheben und kurz erwärmen. Mediterranen Nudel-Bohnen-Topf mit Salz und Pfeffer abschmecken und servieren.

Kennen Sie Kritharaki, ...

... oder auch griechische Reisnudeln genannt? Sie erhalten sie in gut sortierten Supermärkten.

Cremige Paprikasuppe

Fertig in: 30 Minuten
Davon aktiv: 20 Minuten

Für 4 Personen:
je 3 rote und gelbe Paprika
1 Zwiebel
1 Knoblauchzehe
2 TL Pflanzenöl
1/2 TL gehackter Majoran
1 EL Paprikamark
750 ml Gemüsebrühe
(1 EL Instantpulver)
1 TL Honig
Salz
Pfeffer
1/2–1 TL Paprikapulver
1 Prise Chilipulver
1 EL Kürbiskerne

pro Person
1 ProPoints Wert
444 kJ
107 kcal

1. Backofen mit Grillfunktion auf 240° C vorheizen. Paprika waschen, halbieren, entkernen und mit der Hautseite nach oben auf ein Backblech legen. Im Backofen auf oberster Schiene ca. 10 Minuten grillen, bis die Haut braun wird.

2. Paprikahälften herausnehmen, mit einem nassen Küchentuch abdecken und ca. 10 Minuten ruhen lassen. Zwiebel schälen und würfeln. Knoblauch pressen. Paprikahälften häuten und in Stücke schneiden.

3. Öl in einem Topf erhitzen, Zwiebelwürfel mit Knoblauch, Majoran und Paprikamark darin andünsten. Paprikastücke zufügen, mit Brühe ablöschen und aufkochen. Suppe pürieren, mit Honig verfeinern und mit Salz, Pfeffer, Paprika- und Chilipulver abschmecken. Paprikasuppe mit Kürbiskernen bestreut servieren.

Tomatencremesuppe

Fertig in: 40 Minuten
Davon aktiv: 15 Minuten

Für 4 Personen:
1,6 kg reife Tomaten
1 Zwiebel
1 Knoblauchzehe
2 TL Pflanzenöl
2 TL gehackter Thymian
4 EL Tomatenmark
500 ml Gemüsebrühe
(2 TL Instantpulver)
3 EL Cremefine zum Verfeinern
Salz
Pfeffer
1 Prise Zucker
2 EL gehacktes Basilikum

pro Person
1 *ProPoints* Wert | 570 kJ
137 kcal

1. Tomaten kreuzweise einschneiden, mit kochendem Wasser überbrühen, häuten und in Würfel schneiden. Zwiebel schälen und würfeln. Knoblauch pressen.

2. Öl in einem Topf erhitzen. Zwiebelwürfel und Knoblauch darin ca. 1 Minute glasig dünsten. Tomatenwürfel, Thymian und Tomatenmark dazugeben und kurz mitdünsten. Mit Brühe ablöschen und ca. 20 Minuten garen.

3. Suppe pürieren und mit Cremefine verfeinern. Mit Salz, Pfeffer und Zucker würzen. Tomatensuppe mit Basilikum bestreut servieren.

Besonders lecker wird die Suppe ...

... durch Rosmarincroûtons. Rösten Sie 2 Scheiben Toast in Würfeln mit 1 TL getrocknetem Rosmarin in 1 TL Pflanzenöl in einer Pfanne an. Der *ProPoints*® Wert pro Person erhöht sich auf 2 (735 kJ / 176 kcal).

Kürbis-Curry-Suppe

Fertig in: 40 Minuten
Davon aktiv: 15 Minuten

Für 4 Personen:
1 Hokkaidokürbis (ca. 1,5 kg)
1 Stück Ingwer (ca. 2 cm)
1 Zwiebel
1 Knoblauchzehe
2 TL Pflanzenöl
1 TL Currypulver
1/4 TL Kurkuma
1,2 Liter Gemüsebrühe (1 1/2 EL Instantpulver)
1/2 Orange
200 ml Kokosmilch
1 Prise Chilipulver
Salz
Pfeffer

1. Kürbis waschen, halbieren, die Kerne mit einem Löffel entfernen und Kürbis würfeln. Ingwer schälen und fein hacken. Zwiebel schälen und würfeln. Knoblauch pressen.

2. Öl in einem Topf erhitzen und Zwiebelwürfel mit Knoblauch darin ca. 1 Minute dünsten. Kürbiswürfel und Ingwer zufügen und ca. 5 Minuten mitbraten. Mit Currypulver und Kurkuma bestäuben und kurz anschwitzen. Mit Brühe ablöschen und ca. 20–25 Minuten garen.

3. Suppe pürieren. Orangenhälfte auspressen. Orangensaft und Kokosmilch zur Suppe geben und ca. 1 Minute weiterköcheln lassen. Suppe mit Chilipulver, Salz und Pfeffer abschmecken und servieren.

pro Person 3 ProPoints Wert | 1004 kJ 243 kcal

Spinatsuppe mit Käsestangen

Fertig in: 30 Minuten
Davon aktiv: 10 Minuten

Für 4 Personen:
2 Scheiben Blätterteig (à 45 g)
3 EL geriebener Käse, 30 % Fett i. Tr.
1 Zwiebel
1 Knoblauchzehe
2 TL Pflanzenöl
400 g Blattspinat (TK)
1,1 Liter Gemüsebrühe (1 EL Instantpulver)
3 EL Crème légère
Salz
Pfeffer
2 Prisen geriebene Muskatnuss

1. Backofen auf 200° C (Gas: Stufe 3, Umluft: 180° C) vorheizen. Blätterteig längs in 12 Streifen schneiden, spiralförmig drehen und auf ein mit Backpapier ausgelegtes Backblech legen. Mit Käse bestreuen und im Backofen auf mittlerer Schiene ca. 10–15 Minuten backen.

2. Zwiebel schälen und würfeln. Knoblauch pressen. Öl in einem Topf erhitzen und Spinat mit Zwiebelwürfeln und Knoblauch darin kurz andünsten. Mit Brühe ablöschen und ca. 12–15 Minuten köcheln lassen. Suppe pürieren und mit Crème légère verfeinern. Mit Salz, Pfeffer und Muskatnuss abschmecken. Spinatsuppe mit Käsestangen servieren.

pro Person 4 ProPoints Wert | 805 kJ 194 kcal

Flädlesuppe mit gebratenen Steinpilzen

Fertig in: 40 Minuten
Davon aktiv: 20 Minuten

Für 4 Personen:
1 Bund Frühlingszwiebeln
1 Bund Suppengemüse
1 Liter Gemüsebrühe
(1 EL Instantpulver)
1 Lorbeerblatt
50 g Mehl
1 Ei
50 ml fettarme Milch
Salz
3 TL Pflanzenöl
200 g Steinpilze
(ersatzweise braune Champignons)
Pfeffer
1 EL gehackte Petersilie

pro Person
3 ProPoints Wert
663 kJ
160 kcal

1. Frühlingszwiebeln und Suppengemüse waschen, Suppengemüse gegebenenfalls schälen und alles in Ringe oder Würfel schneiden. In Brühe mit Lorbeerblatt aufkochen und ca. 20 Minuten garen.

2. Für die Flädle Mehl mit Ei, Milch und Salz zu einem Teig verrühren. 1 Teelöffel Öl in einer Pfanne erhitzen und darin aus einer Hälfte Teig einen Pfannkuchen ca. 5 Minuten von jeder Seite abbacken. Herausnehmen, aufrollen und in dünne Streifen schneiden. Restlichen Teig mit 1 weiteren Teelöffel Öl ebenso abbacken.

3. Steinpilze trocken abreiben und in Stücke schneiden. Restliches Öl im Bratensatz erhitzen und Pilze darin ca. 7 Minuten braten, salzen, pfeffern. Flädle und Steinpilze zur Suppe geben, kurz erwärmen und mit Salz und Pfeffer abschmecken. Flädlesuppe mit Petersilie und nach Wunsch mit rosa Pfefferbeeren bestreut servieren.

Bunter Gemüseeintopf

Fertig in: 30 Minuten
Davon aktiv: 20 Minuten

Für 4 Personen:
800 g mehligkochende Kartoffeln
1 kleiner Knollensellerie
4 Karotten
2 Stangen Lauch (ca. 800 g)
1 Liter Gemüsebrühe (1 EL Instantpulver)
200 g dicke Bohnen (TK)
200 g Erbsen (TK)
Salz
Pfeffer
1–2 EL Essig
1/2 Bund Petersilie

1. Kartoffeln, Sellerie und Karotten schälen und in Würfel schneiden. Lauch waschen und in Ringe schneiden. Brühe aufkochen und vorbereitetes Gemüse darin ca. 5–7 Minuten garen.

2. Dicke Bohnen und Erbsen zugeben und weitere ca. 5–10 Minuten garen. Kräftig mit Salz, Pfeffer und Essig würzen. Petersilie waschen, trocken schütteln und hacken. Eintopf auf Tellern verteilen, mit Petersilie bestreuen und servieren.

pro Person 6 ProPoints Wert | 1370 kJ 328 kcal

Kresse-Kartoffel-Eintopf

Fertig in: 30 Minuten
Davon aktiv: 20 Minuten

Für 2 Personen:
600 g mehligkochende Kartoffeln
1 Zwiebel
1 TL Pflanzenöl
600 ml Gemüsebrühe (2 TL Instantpulver)
2 Beete Kresse
Salz
Pfeffer
2 EL saure Sahne

1. Kartoffeln schälen und in grobe Stücke schneiden, Zwiebel schälen und würfeln. Öl in einem Topf erhitzen und Kartoffelstücke und Zwiebelwürfel darin ca. 3 Minuten andünsten. Brühe angießen, aufkochen lassen und ca. 20 Minuten garen.

2. Kresse von den Beeten schneiden. 1 Esslöffel beiseitestellen, den Rest zur Suppe geben und stückig pürieren. Suppe mit Salz und Pfeffer abschmecken. Mit je einem Klecks saurer Sahne und der restlichen Kresse servieren.

pro Person 7 ProPoints Wert | 1165 kJ 280 kcal

Pikanter Kohltopf

Fertig in: 45 Minuten
Davon aktiv: 20 Minuten

Für 4 Personen:
1 kleiner Weißkohl (ca. 1 kg)
1 Bund Suppengemüse
1 Zwiebel
100 ml Wasser
1,25 Liter Gemüsebrühe (2 EL Instantpulver)
500 ml Tomatensaft
Salz
Pfeffer
1 TL Paprikapulver
einige Tropfen Tabasco
4 EL gehackte Petersilie

pro Person 0 ProPoints Wert | 541 kJ 131 kcal

1. Kohl putzen, vierteln, den Strunk entfernen und Kohl in feine Streifen schneiden. Suppengemüse waschen, gegebenenfalls schälen und in Stücke schneiden. Zwiebel schälen und würfeln. Zwiebelwürfel in Wasser ca. 2 Minuten dünsten. Kohlstreifen und Suppengemüsestücke zufügen und ca. 5 Minuten mitdünsten.

2. Gemüse mit Brühe und Tomatensaft ablöschen und ca. 20–25 Minuten garen. Mit Salz, Pfeffer, Paprikapulver und Tabasco abschmecken und mit Petersilie bestreut servieren.

Karotten-Orangen-Suppe

Fertig in: 40 Minuten
Davon aktiv: 15 Minuten

Für 4 Personen:
900 g Karotten
1 Zwiebel
1 Stück Ingwer (ca. 2–3 cm)
2 TL Pflanzenöl
900 ml Gemüsebrühe
(3 TL Instantpulver)
100 ml Orangensaft
Salz
Pfeffer
1/2 TL Paprikapulver

1. Karotten, Zwiebel und Ingwer schälen. Zwiebel und Karotten in Stücke schneiden, Ingwer hacken. Öl in einem Topf erhitzen und Karotten-, Zwiebelstücke und Ingwer darin andünsten. Mit Brühe ablöschen und ca. 20 Minuten köcheln lassen.

2. Suppe pürieren und mit Orangensaft verfeinern. Kurz aufkochen und mit Salz, Pfeffer und Paprikapulver abschmecken. Karotten-Orangen-Suppe nach Wunsch mit Chiliflocken, Karottenraspeln und Petersilie garniert servieren.

pro Person 1 ProPoints Wert | 504 kJ | 122 kcal

NO.

Apfel-Fenchel-Suppe mit Dillcroûtons

Fertig in: 30 Minuten
Davon aktiv: 15 Minuten

Für 4 Personen:
1 Zwiebel
2 Fenchelknollen
1 EL Pflanzenöl
1 Liter Gemüsebrühe
(1 EL Instantpulver)
2 säuerliche Äpfel (z. B. Boskop)
2 TL Halbfettmargarine
1/2 TL gehackter Dill
2 Scheiben Toast
Salz
rosa Pfefferbeeren

pro Person 2 ProPoints Wert
530 kJ
128 kcal

1. Zwiebel schälen und würfeln. Fenchel waschen, halbieren, den Strunk entfernen und Fenchel in Streifen schneiden. Fenchelgrün hacken und zur Seite stellen. Öl in einem Topf erhitzen und Zwiebelwürfel mit Fenchelstreifen darin andünsten. Mit Brühe ablöschen und ca. 8–12 Minuten garen.

2. Äpfel vierteln, entkernen, schälen und würfeln. Apfelwürfel zur Suppe geben und weitere ca. 5 Minuten garen. Margarine mit Dill mischen.

3. Toast mit Dillmargarine bestreichen, würfeln und in einer Pfanne goldbraun rösten. Apfel-Fenchel-Suppe mit Salz, Pfeffer und Fenchelgrün abschmecken, mit Dillcroûtons und Pfefferbeeren bestreuen und servieren.

Petersiliensuppe mit Pesto

Fertig in: 35 Minuten
Davon aktiv: 20 Minuten

Für 4 Personen:
600 g Petersilienwurzeln
400 g mehligkochende Kartoffeln
1 Schalotte
3 TL Pflanzenöl
1,2 Liter Gemüsebrühe
(2 EL Instantpulver)
1/2 Bund Petersilie
1 EL gemahlene Haselnüsse
2 EL Gemüsebrühe
(1 Prise Instantpulver)
Salz
Pfeffer
3 EL Crème légère

pro Person 4 ProPoints Wert® | 898 kJ 216 kcal

1. Petersilienwurzeln, Kartoffeln und Schalotte schälen und würfeln. 2 Teelöffel Öl in einem Topf erhitzen, Petersilienwurzel-, Kartoffel- und Schalottenwürfel darin kurz andünsten. Mit Brühe ablöschen und ca. 20 Minuten garen.

2. Für das Pesto Petersilie waschen, trocken schütteln und grob hacken. Mit Haselnüssen, restlichem Öl und Brühe pürieren, salzen und pfeffern.

3. Suppe pürieren, mit Crème légère verfeinern und mit Salz und Pfeffer abschmecken. Pesto zur Petersiliensuppe geben, leicht einrühren und servieren.

Grünkerneintopf mit pochiertem Ei

Fertig in: 30 Minuten
Davon aktiv: 15 Minuten

Für 2 Personen:
1 Schalotte
2 TL Pflanzenöl
80 g Grünkernschrot
600 ml Gemüsebrühe (2 TL Instantpulver)
1 Bund Suppengemüse
einige Blätter Liebstöckel (ersatzweise Petersilie)
1 Liter Wasser
3 EL Weißweinessig
Salz, Pfeffer
2 Eier
2 TL Schnittlauchringe

1. Schalotte schälen und in kleine Würfel schneiden. Öl in einem Topf erhitzen und Schalottenwürfel darin glasig anbraten. Grünkernschrot dazugeben, kurz anrösten und mit Brühe ablöschen. Unter Rühren aufkochen und bei niedriger Hitze ca. 20–25 Minuten garen.

2. Suppengemüse waschen bzw. schälen und in kleine Stücke schneiden. Liebstöckel waschen, trocken schütteln und hacken. Gemüsestücke und Liebstöckel nach ca. 10 Minuten zur Suppe geben und mitgaren. Wasser mit Essig und 1 Teelöffel Salz in einem kleinen Topf zum Sieden bringen. Eier einzeln in eine Suppenkelle schlagen, langsam in das Wasser geben und ca. 6–7 Minuten bei schwacher Hitze ziehen lassen.

3. Grünkernsuppe mit Salz und Pfeffer abschmecken und auf Tellern anrichten. Pochierte Eier mit einer Schaumkelle aus dem Essigwasser heben und in die Suppe geben. Mit Schnittlauch bestreut servieren.

pro Person 7 ProPoints Wert | 1358 kJ 324 kcal

Karotten-Sesam-Suppe

Fertig in: 35 Minuten
Davon aktiv: 10 Minuten

Für 2 Personen:
650 ml Gemüsebrühe (2 TL Instantpulver)
200 ml Orangensaft
500 g Karotten
1 TL Sesam
150 g Vollkorn-Fladenbrot
Salz, Pfeffer
1/4 TL gemahlener Koriander
2 TL Sesamöl

1. Brühe und Orangensaft aufkochen. Karotten schälen, fein würfeln und in der Brühe zugedeckt ca. 25 Minuten garen.

2. Sesam fettfrei in einer Pfanne anrösten, auf einem Teller abkühlen lassen. Fladenbrot in 2 Streifen schneiden und in der heißen Pfanne von jeder Seite kurz anrösten.

3. Karottensuppe pürieren. Mit Salz, Pfeffer und Koriander würzen. Auf Teller verteilen, mit Sesam bestreuen und mit etwas Sesamöl beträufeln. Fladenbrot in Streifen schneiden und dazu servieren.

pro Person 7 ProPoints Wert | 1616 kJ 387 kcal

Kartoffeleintopf mit Rucolapesto

Fertig in: 40 Minuten
Davon aktiv: 20 Minuten

Für 4 Personen:
1 Zwiebel
350 g festkochende Kartoffeln
350 g Süßkartoffeln
1 Bund Suppengemüse
4 TL Pflanzenöl
1/2 TL gehackter Majoran
1,2 Liter Gemüsebrühe
(2 EL Instantpulver)
125 ml Cremefine zum Kochen,
7 % Fett
Salz
Pfeffer
1 Prise geriebene Muskatnuss
50 g Rucola
1 EL Gemüsebrühe
(1 Prise Instantpulver)
2 EL geriebener Parmesan
3 EL gehackte Mandeln

pro Person
8 ProPoints Wert
1492 kJ
358 kcal

1. Zwiebel, Kartoffeln und Süßkartoffeln schälen und würfeln. Suppengemüse waschen, gegebenenfalls schälen und in Würfel oder Ringe schneiden.

2. 2 Teelöffel Öl in einem Topf erhitzen, Gemüse-, Kartoffel- und Süßkartoffelwürfel darin andünsten. Mit Majoran würzen, mit Brühe ablöschen und ca. 20 Minuten garen. Eintopf mit Cremefine verfeinern und mit Salz, Pfeffer und Muskatnuss würzen.

3. Für das Pesto Rucola waschen, trocken schleudern und hacken. Mit 1 Esslöffel Brühe, restlichem Öl, Parmesan und Mandeln pürieren. Kartoffeleintopf mit Rucolapesto servieren.

Fenchel-Koriander-Suppe

Fertig in: 25 Minuten
Davon aktiv: 10 Minuten

Für 2 Personen:
2 Fenchelknollen
1 Gemüsezwiebel
1 TL Fenchelsamen
1 Knoblauchzehe
2 EL Wasser
800 ml Gemüsebrühe
(3 TL Instantpulver)
2 Orangen
Salz
Pfeffer
1 Msp. gemahlener Koriander
2 EL gehackter Koriander

pro Person
0 ProPoints Wert
678 kJ
164 kcal

1. Fenchel waschen, halbieren und den Strunk entfernen. Zwiebel schälen und mit Fenchel in Streifen schneiden.

2. Fenchelsamen fettfrei in einem Topf rösten. Knoblauch pressen, mit Zwiebel- und Fenchelstreifen dazugeben und in Wasser ca. 2 Minuten andünsten. Mit Brühe ablöschen und zugedeckt ca. 15 Minuten köcheln lassen.

3. Eine Orange auspressen, restliche Orange schälen, filetieren und in Stücke schneiden. Suppe mit Orangensaft und -stücken verfeinern und mit Salz, Pfeffer und gemahlenem Koriander würzen. Fenchel-Koriander-Suppe mit gehacktem Koriander bestreuen und servieren.

Heißes & Würziges zum Sattessen

So herzhaft kann Gemüse sein: von abwechslungsreichen Ofenrezepten wie Spargelquiche und Rosenkohlauflauf über Leckeres aus Topf & Pfanne wie Kräutergnocchi und Mangoldpäckchen bis zu Gegrilltem wie Kichererbsenburger und gefüllte Auberginen.

Zucchini-Auberginen-Kuchen

Fertig in: 1 Stunde 55 Minuten
Davon aktiv: 25 Minuten

Für 12 Stücke:
1 kleine Aubergine (ca. 250 g)
Salz
150 g Mehl
1/2 TL Backpulver
4 Eier
60 g Halbfettmargarine
1 Zucchini
1 EL Kürbiskerne
Pfeffer
100 g Crème légère
150 ml fettarme Milch
1 TL gehackter Thymian
140 g geriebener Gouda, 30 % Fett i. Tr.
100 g Cocktailtomaten

pro Stück 4 ProPoints Wert | 677 kJ 162 kcal

1. Backofen auf 180° C (Gas: Stufe 2, Umluft: 160° C) vorheizen. Aubergine waschen, längs halbieren und in dünne Scheiben schneiden. Auberginenscheiben auf ein mit Backpapier ausgelegtes Backblech legen, salzen und im Backofen auf mittlerer Schiene ca. 20 Minuten backen.

2. Mehl mit Backpulver mischen. Mit 1 Ei, 50 g Margarine und 1/2 Teelöffel Salz zu einem Teig verkneten. Zu einer Kugel formen und in Frischhaltefolie gewickelt ca. 30 Minuten kalt stellen. Teig zwischen Frischhaltefolie ausrollen und eine mit der restlichen Margarine gefettete Quicheform (Ø 26 cm) damit auslegen, dabei einen ca. 3 cm hohen Rand formen. Den Boden mehrmals mit einer Gabel einstechen und im Backofen auf mittlerer Schiene ca. 10 Minuten vorbacken.

3. Zucchini waschen und raspeln. Kürbiskerne fettfrei in einer Pfanne rösten und auf den Teigboden streuen. Auberginenscheiben und Zucchiniraspel mischen, mit Salz und Pfeffer würzen und ebenfalls auf dem Teig verteilen.

4. Crème légère, Milch, restliche Eier, Thymian und 80 g Käse verrühren. Mit Salz und Pfeffer abschmecken und über das Gemüse geben. Tomaten waschen und halbieren, auf das Gemüse legen und mit restlichem Käse bestreuen. Zucchini-Auberginen-Kuchen im Backofen auf mittlerer Schiene ca. 30 Minuten backen und servieren.

Kräuter-Käse-Quiche

Fertig in: 80 Minuten
Davon aktiv: 20 Minuten

Für 12 Stücke:
240 g Mehl
120 g Halbfettmargarine
70 ml kaltes Wasser
Salz
1 Bund Frühlingszwiebeln
2 TL Pflanzenöl
200 g Magerquark
150 g Crème légère
100 g geriebener Käse, 30 % Fett i. Tr.
3 Eier
150 ml fettarme Milch
je 1 EL gehackte Petersilie, Kerbel und Thymian
Pfeffer
1 Lollo rosso
150 ml Buttermilch
2 EL Apfelessig
2 TL kalorienreduzierte Johannisbeerkonfitüre
1/2 Beet Kresse

pro Stück 5 ProPoints Wert | 860 kJ 205 kcal

1. Mehl, Margarine, Wasser und 1/2 Teelöffel Salz zu einem glatten Teig verkneten. Teig zu einer Kugel formen und in Frischhaltefolie gewickelt ca. 30 Minuten kalt stellen.

2. Frühlingszwiebeln waschen und in Ringe schneiden. 1 Teelöffel Öl in einer Pfanne erhitzen und Frühlingszwiebelringe darin ca. 3 Minuten andünsten. Quark, Crème légère, Käse, Eier und Milch verquirlen. Frühlingszwiebelringe und Kräuter dazugeben und kräftig mit Salz und Pfeffer würzen.

3. Backofen auf 200° C (Gas: Stufe 3, Umluft: 180° C) vorheizen. Teig zwischen Frischhaltefolie rund ausrollen und eine mit Backpapier ausgelegte Quicheform (Ø 26 cm) damit auslegen, dabei einen ca. 2 cm hohen Rand formen. Den Boden mehrmals mit einer Gabel einstechen und im Backofen auf mittlerer Schiene ca. 10 Minuten vorbacken. Kräuter-Käse-Masse auf dem Teig verteilen und auf mittlerer Schiene ca. 30 Minuten fertig backen.

4. Salat waschen, trocken schleudern und in mundgerechte Stücke zerteilen. Für das Dressing Buttermilch, Essig und Konfitüre mit restlichem Öl verrühren und mit Salz und Pfeffer würzen. Salat mit Dressing vermischen. Kresse vom Beet schneiden. Kräuter-Käse-Quiche mit Kresse bestreuen und mit Salat servieren.

Gemüsestrudel mit Estragoncreme

Fertig in: 90 Minuten
Davon aktiv: 35 Minuten

Für 12 Stücke:
170 g Mehl
3 EL Pflanzenöl
Salz
1 EL Weißweinessig
50 ml Wasser
1 Bund Frühlingszwiebeln
4 Karotten
1 Kohlrabi
300 ml Gemüsesaft
Pfeffer
1 TL getrocknete Kräuter der Provence
6 EL Crème légère
400 g fettarmer Joghurt
1 TL Zitronensaft
1/2 TL gehackter Estragon
1 Prise Zucker

pro Stück 3 ProPoints Wert | 508 kJ 122 kcal

1. 150 g Mehl, 2 Esslöffel Öl, 1/2 Teelöffel Salz, Essig und Wasser zu einem Teig verkneten und ca. 30 Minuten zugedeckt ruhen lassen.

2. Frühlingszwiebeln waschen und in Ringe schneiden. Karotten und Kohlrabi schälen und fein würfeln. Restliches Öl in einer Pfanne erhitzen und Frühlingszwiebelringe mit Karotten- und Kohlrabiwürfeln darin ca. 5 Minuten anbraten. Mit Gemüsesaft ablöschen und ca. 5 Minuten garen. Gemüse mit Salz, Pfeffer und Kräutern der Provence würzen, leicht abkühlen lassen und restliche Flüssigkeit abgießen.

3. Backofen auf 200° C (Gas: Stufe 3, Umluft: 180° C) vorheizen. Ein Geschirrtuch mit restlichem Mehl bestäuben und Teig darauf sehr dünn zu einem Rechteck (ca. 30 x 40 cm) ausrollen. Gemüse darauf verteilen und einen ca. 2 cm breiten Rand frei lassen. Die kurzen Seiten einklappen und Strudel längs mithilfe des Tuchs einrollen.

4. Strudel auf ein mit Backpapier ausgelegtes Backblech legen und im Backofen auf mittlerer Schiene ca. 30 Minuten backen. Crème légère, Joghurt, Zitronensaft und Estragon verrühren und mit Salz, Pfeffer und Zucker würzen. Gemüsestrudel mit Estragoncreme servieren.

← Spitzkohlpfanne mit Schupfnudeln

Fertig in: 30 Minuten
Davon aktiv: 20 Minuten

Für 4 Personen:
1 Spitzkohl (ca. 800 g)
1 große Zwiebel
1 Bund Salbei
1 EL Halbfettbutter
500 g Schupfnudeln (Kühltheke)
1 TL Pflanzenöl
80 g getrocknete Tomaten ohne Öl
200 ml Cremefine zum Kochen, 15 % Fett
1 unbehandelte Zitrone
Salz, Pfeffer

1. Spitzkohl putzen, vierteln, den Strunk entfernen und Kohl in breite Streifen schneiden. Zwiebel schälen und würfeln. Salbei waschen, trocken schütteln und grob hacken.

2. Halbfettbutter in einer großen Pfanne erhitzen, Schupfnudeln darin goldbraun braten und herausnehmen. Öl in der Pfanne erhitzen. Kohlstreifen, Zwiebelwürfel und Salbei darin ca. 3–5 Minuten braten. Tomaten in Streifen schneiden.

3. Cremefine zum Kohl geben und aufkochen lassen. Zitronenschale abreiben. Tomatenstreifen und 2 Teelöffel Zitronenschale zum Kohl geben und ca. 5 Minuten garen. Schupfnudeln zugeben und kurz miterhitzen. Mit Salz und Pfeffer würzen und servieren.

pro Person 8 ProPoints Wert® | 1677 kJ
401 kcal

Tomaten-Kräuter-Frittata

Fertig in: 45 Minuten
Davon aktiv: 15 Minuten

Für 2 Personen:
200 g mehligkochende Kartoffeln
2 TL Olivenöl
Salz, Pfeffer
2 rote Paprika
1 kleine Zwiebel
2 EL Weißweinessig
1 TL Tomatenmark
2 EL gehackte italienische Kräuter
1 Prise Paprikapulver
1 TL Honig
200 g Cocktailtomaten
1 Knoblauchzehe
5 grüne Oliven, pur, ohne Stein
6 Eier
3 EL Cremefine zum Kochen, 7 % Fett
2 EL geriebener Parmesan

1. Kartoffeln schälen und in Würfel schneiden. Öl in einer Pfanne erhitzen, Kartoffelwürfel darin zugedeckt ca. 10 Minuten braten und mit Salz würzen. Für die Salsa Paprika waschen und entkernen. Zwiebel schälen, mit Paprika sehr fein würfeln und mit Essig, Tomatenmark und 1 Esslöffel Kräutern verrühren. Mit Salz, Pfeffer, Paprikapulver und Honig würzen.

2. Tomaten waschen und halbieren. Knoblauch pressen und Oliven fein hacken. Eier mit Cremefine verquirlen und mit Salz und Pfeffer würzen. Tomatenhälften, Knoblauch, Oliven, restliche Kräuter und Parmesan unterrühren. Eiermasse über die Kartoffelwürfel gießen und bei schwacher Hitze zugedeckt ca. 15–20 Minuten stocken lassen. Tomaten-Kräuter-Frittata auf einen Teller stürzen, in Stücke zerteilen und mit Paprikasalsa servieren.

pro Person 11 ProPoints Wert® | 2141 kJ
511 kcal

Frühlingsgemüse mit Farfalle

Fertig in: 30 Minuten
Davon aktiv: 15 Minuten

Für 2 Personen:
300 g grüner Spargel
1 Schalotte
3 Karotten
1 TL Pflanzenöl
100 ml Gemüsebrühe (1/2 TL Instantpulver)
120 g trockene Farfalle
Salz
4 schwarze Oliven ohne Stein
60 g Cremefine zum Verfeinern
Pfeffer
1 EL gemischte gehackte Kräuter (z. B. Oregano, Basilikum, Thymian)
1/2 TL Zitronensaft
2 EL geriebener Parmesan

pro Person 10 ProPoints Wert | 1726 kJ 410 kcal

1. Spargel waschen, das untere Drittel schälen und Spargel in mundgerechte Stücke schneiden. Schalotte und Karotten schälen und würfeln. Öl in einer Pfanne erhitzen und Spargelstücke, Schalotten- und Karottenwürfel darin ca. 5 Minuten anbraten. Mit Brühe ablöschen und ca. 10 Minuten garen. Nudeln nach Packungsanweisung in Salzwasser garen.

2. Oliven hacken und zum Gemüse geben. Mit Cremefine verfeinern und mit Salz, Pfeffer, Kräutern und Zitronensaft würzen. Nudeln abgießen, mit Gemüse mischen und mit Parmesan bestreut servieren.

Karottenpilaw mit Zuckererbsenschoten

Fertig in: 30 Minuten
Davon aktiv: 10 Minuten

Für 2 Personen:
250 g Karotten
250 g Zuckererbsenschoten
1 TL Pflanzenöl
1 TL Zucker
120 g trockener Langkornreis
275 ml Gemüsebrühe
(1 TL Instantpulver)
2 EL Rosinen
2 EL Orangensaft
Salz
1 TL Kurkuma
1/2 TL Currypulver
1 EL Korianderblättchen

1. Karotten schälen, längs halbieren und schräg in breite Scheiben schneiden. Zuckererbsenschoten waschen und schräg halbieren.

2. Öl in einer Pfanne erhitzen und Karottenscheiben mit Zucker darin karamellisieren. Reis dazugeben, kurz andünsten, mit Brühe ablöschen und zugedeckt ca. 15–20 Minuten garen. Zuckererbsenschotenhälften ca. 5 Minuten vor Ende der Garzeit zufügen und mitgaren.

3. Rosinen und Orangensaft unter den Karottenpilaw heben und kurz erwärmen. Mit Salz, Kurkuma und Currypulver würzen. Karottenpilaw mit Koriander bestreut servieren.

pro Person
8 ProPoints Wert
1278 kJ
291 kcal

Kräutergnocchi mit Gemüse

Fertig in: 70 Minuten
Davon aktiv: 30 Minuten

Für 2 Personen:
200 g mehligkochende Kartoffeln
Salz
45 g Mehl
4 EL Kartoffelstärke
1 TL gehackte Kräuter der Provence
1 Zwiebel
150 g grüne Bohnen
1 gelbe Paprika
1 Stange Lauch
2 TL Pflanzenöl
50 ml Gemüsebrühe
(2 Prisen Instantpulver)
200 g passierte Tomaten (Konserve)
1 TL gehackter Thymian
Pfeffer
125 g Cocktailtomaten

pro Person 7 ProPoints Wert | 1492 kJ 356 kcal

1. Kartoffeln schälen, in Salzwasser ca. 20 Minuten garen und abgießen. Durch eine Kartoffelpresse drücken, ausdampfen lassen und mit Mehl, Stärke, 1/2 Teelöffel Salz und Kräutern zu einem Teig verkneten. Teig zu einer Rolle (Ø 2 cm) formen und in ca. 1 cm breite Stücke schneiden. Teigstücke zu Kugeln formen und mit einer Gabel leicht flach drücken.

2. Zwiebel schälen. Bohnen, Paprika und Lauch waschen. Paprika entkernen und in Stücke schneiden. Zwiebel würfeln. Bohnen halbieren und Lauch in Ringe schneiden. Öl in einer Pfanne erhitzen und Bohnenhälften darin ca. 2 Minuten andünsten. Lauchringe, Paprikastücke und Zwiebelwürfel zufügen und ca. 5 Minuten anbraten. Mit Brühe und Tomaten ablöschen und ca. 10 Minuten garen.

3. Gemüse mit Thymian verfeinern und mit Salz und Pfeffer abschmecken. Tomaten waschen, halbieren, zum Gemüse geben und weitere ca. 2 Minuten garen. Gnocchi in Salzwasser ca. 2–3 Minuten gar ziehen lassen, bis sie an der Oberfläche schwimmen, und mit einer Schaumkelle herausheben. Gnocchi mit Gemüse anrichten und servieren.

Spargelquiche mit Tomaten und Basilikum

Fertig in: 75 Minuten
Davon aktiv: 15 Minuten

Für 12 Stücke:
220 g Mehl
Salz
100 g Halbfettmargarine
4 EL kaltes Wasser
500 g weißer Spargel
400 g Cocktailtomaten
1/2 Bund Basilikum
150 g Crème légère
2 Eier
Pfeffer
1 Kugel Mozzarella light

pro Stück 4 ProPoints Wert | 637 kJ 152 kcal

1. Mehl mit 1/2 Teelöffel Salz, Margarine und Wasser verkneten. Teig zu einer Kugel formen, in Frischhaltefolie wickeln und ca. 30 Minuten kalt stellen.

2. Spargel schälen, die holzigen Enden abschneiden, Spargel in ca. 3 cm lange Stücke schneiden und in Salzwasser ca. 5 Minuten garen. Spargelstücke abgießen und abkühlen lassen. Backofen auf 200° C (Gas: Stufe 3, Umluft: 180° C) vorheizen.

3. Teig zwischen Folie ausrollen und eine mit Backpapier ausgelegte Springform (Ø 26 cm) damit auskleiden, dabei einen ca. 3 cm hohen Rand hochziehen. Teig mehrmals mit einer Gabel einstechen und im Backofen auf mittlerer Schiene ca. 10 Minuten vorbacken.

4. Tomaten und Basilikum waschen. Tomaten in Würfel schneiden, Basilikum trocken schütteln und fein hacken. Spargelstücke, Tomatenwürfel und Basilikum mischen und auf dem Teig verteilen.

5. Crème légère mit Eiern verquirlen, salzen, pfeffern und über die Spargelmischung geben. Mozzarella abtropfen lassen und in Scheiben schneiden. Quiche damit belegen und im Backofen auf mittlerer Schiene ca. 35 Minuten backen. Spargelquiche servieren.

Tomaten mit Couscousfüllung

Fertig in: 50 Minuten
Davon aktiv: 20 Minuten

Für 2 Personen:
4 große Tomaten
1/2 Bund Frühlingszwiebeln
125 g Champignons
80 g trockener Couscous
300 ml heiße Gemüsebrühe
(1 TL Instantpulver)
2 TL Pflanzenöl
Salz, Pfeffer
1 Prise geriebene Muskatnuss
1/2 TL gehackter Oregano
1 gelbe Paprika
1/2 Lollo rosso
150 ml Weight Watchers
Joghurt Dressing,
mit Kräutern der Provence

pro Person 6 ProPoints Wert | 1500 kJ 357 kcal

1. Tomaten waschen und jeweils einen Deckel abschneiden. Tomaten mit einem Löffel aushöhlen und das Fruchtfleisch in Stücke schneiden. Frühlingszwiebeln waschen und Champignons trocken abreiben. Frühlingszwiebeln in Ringe und Champignons in Scheiben schneiden.

2. Backofen auf 180° C (Gas: Stufe 2, Umluft: 160° C) vorheizen. Couscous mit 200 ml Brühe übergießen und zugedeckt ca. 10 Minuten quellen lassen. Öl in einer Pfanne erhitzen und Gemüse darin ca. 5 Minuten braten. Mit Salz, Pfeffer, Muskatnuss und Oregano würzen. Gemüse mit Couscous vermischen und abschmecken.

3. Tomaten mit Couscousmasse füllen, Deckel aufsetzen und in eine Auflaufform (ca. 20 x 25 cm) geben. Restliche Brühe angießen und Tomaten im Backofen auf mittlerer Schiene ca. 20 Minuten backen. Paprika und Salat waschen. Salat trocken schleudern und in mundgerechte Stücke zerteilen. Paprika entkernen, würfeln und mit Salat und Dressing vermischen. Tomaten mit Salat servieren.

Überbackene Zucchiniröllchen

Fertig in: 45 Minuten
Davon aktiv: 20 Minuten

Für 2 Personen:
1 Zucchini (ca. 200 g)
Salz
100 g Schafskäse light
75 g saure Sahne
1/2 TL Tafelmeerrettich
1 TL gehackter Thymian
Pfeffer
1 EL Pinienkerne
200 g passierte Tomaten (Konserve)
1 TL gehackte italienische Kräuter
2 Ecken Fladenbrot

pro Person 8 ProPoints Wert | 1469 kJ 351 kcal

1. Backofen auf 160° C (Gas: Stufe 1, Umluft: 140° C) vorheizen. Zucchini waschen und mit einem Sparschäler oder einem Messer längs in breite Streifen schneiden. In kochendem Salzwasser ca. 1 Minute vorgaren und abtropfen lassen.

2. Schafskäse zerbröseln. Saure Sahne, Meerrettich, Thymian und die Hälfte der Schafskäsebrösel pürieren und mit Salz und Pfeffer abschmecken. Pinienkerne fettfrei in einer Pfanne rösten.

3. Tomaten mit Kräutern verrühren, mit Salz und Pfeffer würzen und in eine Auflaufform (ca. 15 x 20 cm) geben. Zucchinistreifen mit Creme bestreichen, aufrollen und in die Form setzen. Mit restlichen Schafskäsebröseln und Pinienkernen bestreuen und im Backofen auf mittlerer Schiene ca. 20 Minuten backen. Zucchiniröllchen mit Fladenbrot servieren.

Gefüllte Auberginen mit Minzjoghurt

Fertig in: 45 Minuten
Davon aktiv: 15 Minuten

Für 2 Personen:
2 kleine Auberginen (à 250 g)
1 kleine Zwiebel
1 Tomate
100 g Schafskäse light
1–2 TL Kräuter der Provence
1 Knoblauchzehe
Salz
Pfeffer
4 Zweige Thymian
250 g Magermilchjoghurt
1 TL gehackte Minze
1 Prise Zucker

pro Person 4 ProPoints® Wert | 913 kJ 218 kcal

1. Auberginen waschen und längs halbieren. Mit einem Löffel die Auberginenhälften aushöhlen und dabei einen ca. 1 cm breiten Rand stehen lassen. Auberginenfruchtfleisch fein hacken. Zwiebel schälen, Tomate waschen und beides mit Schafskäse in Würfel schneiden.

2. Auberginenfruchtfleisch, Zwiebel-, Tomaten- und Schafskäsewürfel mit Kräutern der Provence vermischen. Knoblauch dazupressen und mit Salz und Pfeffer abschmecken. Auberginenhälften mit der Masse füllen und auf je 1 Stück Alufolie (ca. 25 x 30 cm) legen. Thymian waschen, trocken schütteln, auf die Auberginenhälften legen und Folie gut verschließen.

3. Für den Dip Joghurt mit Minze verrühren und mit Salz, Pfeffer und Zucker würzen. Auberginen auf dem Grill ca. 30 Minuten grillen. Nach Wunsch mit Kräutern, Meersalz und grob gemahlenem Pfeffer bestreuen und mit Minzjoghurt servieren.

Kichererbsenburger mit Apfel-Curry-Sauce

Fertig in: 30 Minuten
Davon aktiv: 20 Minuten

Für 2 Personen:
100 g Kichererbsen (Konserve)
2 EL Mehl
1 Eigelb
1 EL gehackte glatte Petersilie
2 Msp. gemahlener Koriander
1 Msp. Cayennepfeffer
Meersalz
grob gemahlener Pfeffer
1/2 Mango
1/2 Salatgurke
1 Schalotte
4 EL Apfelkompott ohne Zucker
1/2 TL Currypulver
2 Msp. Paprikapulver
2 Hamburgerbrötchen

pro Person 9 ProPoints Wert | 1493 kJ 356 kcal

1. Kichererbsen abspülen, abtropfen lassen, pürieren und mit Mehl, Eigelb, Petersilie, Koriander und Cayennepfeffer verkneten. Masse mit Salz und Pfeffer abschmecken und zu 2 flachen Burgern formen.

2. Mango schälen und das Fruchtfleisch vom Stein schneiden. Gurke waschen und mit Mangofruchtfleisch längs in dünne Scheiben schneiden. Schalotte schälen und fein würfeln.

3. Für die Sauce Apfelkompott mit Schalottenwürfeln, Curry- und Paprikapulver verrühren und mit Salz und Pfeffer abschmecken. Burger auf dem Grill ca. 4 Minuten von jeder Seite grillen. Hamburgerbrötchen aufschneiden und auf dem Grill kurz rösten.

4. Brötchenhälften mit der Sauce bestreichen und untere Hälften mit Gurken- und Mangoscheiben belegen. Burger darauflegen, salzen, pfeffern und mit oberer Brötchenhälfte abdecken. Kichererbsenburger mit restlichen Mango- und Gurkenscheiben und nach Wunsch mit Petersilie garniert servieren.

Statt auf dem Grill ...

... können Sie die Burger auch mit 2 Teelöffel Öl in einer Pfanne ca. 5 Minuten von beiden Seiten braten. Der ProPoints Wert pro Person erhöht sich auf 10 (1835 KJ/438 Kcal).

Mangoldpäckchen mit Schafskäse

Fertig in: 40 Minuten
Davon aktiv: 20 Minuten

Für 2 Personen:
1 großer Mangold (ca. 750 g)
Salz
1 Zwiebel
200 g mehligkochende Kartoffeln
100 g kleine Champignons
1 TL Pflanzenöl
100 g Schafskäse light
1 EL gehackter Majoran
Pfeffer
75 ml Gemüsebrühe
(1/2 TL Instantpulver)
4 Scheiben Ciabattabrot

pro Person 9 ProPoints Wert | 1622 kJ 388 kcal

1. Mangold waschen, trocken schleudern und die weißen Stiele abtrennen. Bei 8 Blättern den Strunk flacher schneiden, Blätter in kochendem Salzwasser ca. 2 Minuten vorgaren und abtropfen lassen. Mangoldstiele und restliche Blätter in feine Streifen schneiden. Zwiebel und Kartoffeln schälen und klein würfeln. Champignons trocken abreiben und vierteln.

2. Öl in einer Pfanne erhitzen, Champignonviertel, Kartoffel- und Zwiebelwürfel darin ca. 5 Minuten braten. Mangoldstreifen dazugeben und ca. 8–10 Minuten mitbraten. Schafskäse in Würfel schneiden. Die Hälfte der Gemüsemischung aus der Pfanne nehmen, Majoran und Schafskäsewürfel unterrühren und mit Salz und Pfeffer abschmecken. Restliche Gemüsemischung mit Brühe ablöschen.

3. Je 2 vorgegarte Mangoldblätter überlappend nebeneinanderlegen und die Gemüse-Schafskäse-Masse daraufgeben. Erst die Längsseiten der Blätter über die Füllung legen, dann die Blätter von der kurzen Seite her aufrollen und mit Holzspießen feststecken. Mangoldpäckchen zum Gemüse in die Pfanne geben und zugedeckt weitere ca. 3–5 Minuten garen. Gemüse mit Salz und Pfeffer abschmecken. Mangoldpäckchen mit Gemüse und Ciabatta servieren.

Gemüselasagne mit Pinienkernen

Fertig in: 60 Minuten
Davon aktiv: 20 Minuten

Für 4 Personen:
2 Schalotten
1 rote Paprika
2 gelbe Zucchini
(ersatzweise grüne)
2 TL Olivenöl
200 g Erbsen (TK)
1 TL gehackte italienische Kräuter
Salz
Pfeffer
800 g passierte Tomaten (Konserve)
9 trockene Lasagneplatten
1 Fleischtomate
5 EL geriebener Parmesan
2 EL Pinienkerne

pro Person 8 ProPoints Wert | 1523 kJ 362 kcal

1. Backofen auf 200° C (Gas: Stufe 3, Umluft: 180° C) vorheizen. Schalotten schälen. Paprika waschen, entkernen und mit Schalotten würfeln. Zucchini waschen und in Scheiben schneiden.

2. Öl in einer Pfanne erhitzen und Erbsen, Zucchinischeiben, Schalotten- und Paprikawürfel darin ca. 10 Minuten braten. Kräuter unterrühren und mit Salz und Pfeffer würzen. Mit passierten Tomaten ablöschen und ca. 5 Minuten garen.

3. Ein Viertel der Gemüsemischung in eine Auflaufform (ca. 20 x 30 cm) geben und 3 Lasagneplatten darüber verteilen. Vorgang zweimal wiederholen und mit der Gemüsemischung abschließen. Tomate waschen, in Scheiben schneiden und auf der Lasagne verteilen. Mit Parmesan bestreuen und im Backofen auf mittlerer Schiene ca. 25 Minuten backen. Pinienkerne fettfrei in einer Pfanne rösten, Lasagne damit bestreuen und servieren.

Keine Zeit ...

... zum Kochen? Dann lassen Sie sich unsere leckere **Weight Watchers** Gemüse Lasagne schmecken.

Wirsingtaler mit Herbstpilzen

Fertig in: 65 Minuten
Davon aktiv: 40 Minuten

Für 2 Personen:
300 g mehligkochende Kartoffeln
Salz
300 g Wirsing
250 ml Gemüsebrühe
(1 TL Instantpulver)
250 g gemischte Pilze
(z. B. braune Champignons und
Steinpilze)
1 Zwiebel
1 Ei
1 EL Kartoffelstärke
Pfeffer
1 Prise geriebene Muskatnuss
2 TL Pflanzenöl
3 EL Schmand
1 EL gehackter Kerbel

pro Person
7 ProPoints Wert
1628 kJ
391 kcal

1. Kartoffeln schälen und in Salzwasser ca. 20 Minuten garen. Wirsing putzen, den Strunk entfernen und Wirsing in Streifen schneiden. Wirsingstreifen in 150 ml Brühe ca. 20 Minuten garen und eine Hälfte mit Brühe pürieren. Kartoffeln abgießen, durch eine Presse drücken und abkühlen lassen. Pilze trocken abreiben und halbieren. Zwiebel schälen und in Würfel schneiden.

2. Wirsingpüree, -streifen und Kartoffelmasse vermischen. Ei und Stärke unterrühren, mit Salz, Pfeffer und Muskatnuss würzen und zu 6 Talern formen. Öl in einer Pfanne erhitzen und Wirsingtaler darin ca. 5 Minuten von jeder Seite braten, aus der Pfanne nehmen und im Backofen bei 60° C warm stellen.

3. Pilzhälften und Zwiebelwürfel im Bratensatz ca. 5 Minuten braten, mit restlicher Brühe ablöschen und mit Schmand verfeinern. Sauce ca. 5 Minuten einkochen lassen und mit Salz und Pfeffer würzen. Wirsingtaler und Herbstpilze mit Kerbel bestreut servieren.

Zucchini-Kaiserschmarrn

Fertig in: 30 Minuten
Davon aktiv: 15 Minuten

Für 2 Personen:
1 Zucchini (ca. 150 g)
150 ml fettarme Milch
1 TL gehackter Thymian
2 Stangen Lauch
4 Schalotten
Salz, Pfeffer
1/2 TL Paprikapulver
1 Prise geriebene Muskatnuss
1 Ei
120 g Vollkornmehl
2 TL Pflanzenöl
50 ml Gemüsebrühe
(2 Prisen Instantpulver)
100 ml Cremefine zum Kochen,
7 % Fett
2 EL geriebener Parmesan

pro Person 10 ProPoints Wert | 1965 kJ 467 kcal

1. Zucchini waschen und in Würfel schneiden. Milch in einem Topf erhitzen und Zucchiniwürfel darin mit Thymian ca. 5 Minuten garen. Lauch waschen und in Ringe schneiden. Schalotten schälen und vierteln. Zucchini-Milch-Mischung mit Salz, Paprikapulver und Muskatnuss würzen, pürieren und abkühlen lassen.

2. Ei trennen. Eigelb mit Zucchinimilch, Mehl und 1/2 Teelöffel Salz zu einem Teig verquirlen. Eiweiß mit 1 Prise Salz steif schlagen und unter den Teig heben. Öl in einer Pfanne erhitzen, Teig hineingeben und darin ca. 3 Minuten braten. In der Pfanne wenden, in Stücke zerteilen und weitere ca. 5 Minuten braten.

3. Lauchringe und Schalottenviertel in Brühe ca. 5 Minuten dünsten. Gemüse mit Cremefine und Parmesan verfeinern. Mit Salz und Pfeffer abschmecken und servieren.

Penne Primavera

Fertig in: 30 Minuten
Davon aktiv: 15 Minuten

Für 2 Personen:
200 g Babyspinat
150 g Zuckererbsenschoten
1/2 Bund Frühlingszwiebeln
100 g trockene Penne
Salz, Pfeffer
1 TL Pflanzenöl
150 g Erbsen (TK)
50 ml Gemüsebrühe
(2 Prisen Instantpulver)
100 g Kräuterfrischkäse,
bis 1 % Fett absolut
4 EL Kresse

pro Person 8 ProPoints Wert | 1120 kJ 267 kcal

1. Spinat, Zuckererbsenschoten und Frühlingszwiebeln waschen. Spinat trocken schleudern. Zuckererbsenschoten schräg halbieren und Frühlingszwiebeln in Ringe schneiden. Nudeln nach Packungsanweisung in Salzwasser garen.

2. Öl in einer Pfanne erhitzen, Zuckererbsenschotenhälften und Frühlingszwiebelringe darin ca. 2–3 Minuten anbraten. Erbsen zufügen, mit Brühe ablöschen und ca. 5 Minuten dünsten. Spinat unterheben und ca. 2–3 Minuten mitdünsten.

3. Gemüsemischung mit Frischkäse verfeinern und mit Salz und Pfeffer abschmecken. Nudeln abgießen und unterheben. Penne Primavera mit Kresse bestreut servieren.

Erbsen-Käse-Küchlein

Fertig in: 75 Minuten
Davon aktiv: 30 Minuten

Für 8 Stück:
220 g Mehl
100 g Halbfettmargarine
Salz
50 ml Wasser
1 TL Rapsöl
(ersatzweise Pflanzenöl)
600 g Erbsen (TK)
250 ml Gemüsebrühe
(1 TL Instantpulver)
120 g Schafskäse light
Pfeffer
1 TL Limettensaft
(ersatzweise Zitronensaft)

pro Stück 6 ProPoints Wert | 1021 kJ 244 kcal

1. Für den Teig Mehl mit Margarine, 1 Teelöffel Salz und Wasser verkneten. Zu einer Kugel formen und in Folie gewickelt ca. 30 Minuten kalt stellen. Backofen auf 180° C (Gas: Stufe 2, Umluft: 160° C) vorheizen. Teig in 8 Stücke teilen, ausrollen, kleine Tartelettefőrmchen (Ø 10 cm) mit Öl fetten und mit dem Teig auslegen.

2. Teig mehrmals mit einer Gabel einstechen und im Backofen auf mittlerer Schiene ca. 10 Minuten vorbacken.

3. Erbsen in Brühe ca. 3 Minuten garen. Schafskäse zerbröseln und ca. 2 Esslöffel zum Bestreuen beiseitestellen. Drei Viertel der Erbsen mit restlichem Käse pürieren, mit Salz und Pfeffer würzen und mit Limettensaft verfeinern. Restliche Erbsen untermischen.

4. Erbsen-Schafskäse-Creme auf die vorgebackenen Tartelettes geben, mit restlichem Käse und Pfeffer bestreuen und weitere ca. 30–35 Minuten bei gleicher Temperatur backen. Erbsen-Käse-Küchlein servieren.

Schweizer Rösti mit Apfelsauce

Fertig in: 50 Minuten
Davon aktiv: 15 Minuten

Für 2 Personen:
250 g mehligkochende Kartoffeln
Salz
150 g Broccoliröschen
1 Ei
Pfeffer
1 Prise geriebene Muskatnuss
30 g geriebener Appenzeller, 50 % Fett i. Tr.
1 Zwiebel
1 säuerlicher Apfel (z. B. Boskop)
1 TL Pflanzenöl
1 TL Zucker
75 ml Wasser
2 EL Apfelessig
1/2 TL gehackter Dill
1 kleiner Eisbergsalat
125 ml Gemüsebrühe (1/2 TL Instantpulver)
1 TL Senf
1 TL Honig
2 TL italienische Kräuter

pro Person 6 ProPoints Wert | 1271 kJ 304 kcal

1. Kartoffeln schälen, in Salzwasser ca. 20 Minuten garen, abgießen, durch eine Presse drücken und abkühlen lassen. Broccoliröschen waschen und in Salzwasser ca. 3–5 Minuten vorgaren. Backofen auf 180° C (Gas: Stufe 2, Umluft: 160° C) vorheizen.

2. Broccoliröschen abgießen, klein schneiden und mit Ei unter die Kartoffelmasse heben. Mit Salz, Pfeffer und Muskatnuss würzen und auf einem mit Backpapier ausgelegten Backblech zu 2 Rösti formen. Rösti mit Käse bestreuen und im Backofen auf mittlerer Schiene ca. 10–15 Minuten backen.

3. Zwiebel schälen. Apfel vierteln, entkernen, schälen und mit der Zwiebel in feine Würfel schneiden. Öl in einer Pfanne erhitzen und Zwiebel- und Apfelwürfel darin ca. 2–3 Minuten andünsten. Zucker dazugeben, mit Wasser ablöschen und zugedeckt ca. 10 Minuten dünsten. Mit Salz, Pfeffer, 1 Esslöffel Essig und Dill würzen.

4. Salat waschen, trocken schleudern und in mundgerechte Stücke zerteilen. Für das Dressing Brühe, Senf, restlichen Essig, Honig und Kräuter verrühren und mit Salz und Pfeffer abschmecken. Salat mit Dressing beträufeln und mit Rösti und Apfelsauce servieren.

Fenchelgratin mit Parmesankruste

Fertig in: 70 Minuten
Davon aktiv: 25 Minuten

Für 4 Personen:
800 g festkochende Kartoffeln
Salz
800 g Fenchel
120 ml Orangensaft
2 EL Zitronensaft
2 Zwiebeln
2 TL Rapsöl (ersatzweise Pflanzenöl)
125 ml fettarme Milch
200 g Crème légère
(ersatzweise saure Sahne)
Pfeffer
1–2 TL getrockneter Majoran
4 EL geriebener Parmesan

pro Person 9 ProPoints Wert | 1360 kJ 326 kcal

1. Kartoffeln schälen und in Salzwasser ca. 20 Minuten garen. Fenchel waschen, halbieren, den Strunk entfernen und Fenchel in Spalten schneiden. Fenchelspalten mit Orangen- und Zitronensaft in einen Topf geben und ca. 5 Minuten dünsten. Kartoffeln abgießen, in Scheiben schneiden und abwechselnd mit Fenchelspalten in eine Auflaufform (ca. 20 x 30 cm) schichten.

2. Backofen auf 180° C (Gas: Stufe 2, Umluft: 160° C) vorheizen. Zwiebeln schälen und in Würfel schneiden. Öl in einem Topf erhitzen und Zwiebelwürfel darin ca. 3 Minuten andünsten. Zwiebelwürfel mit Milch ablöschen und Crème légère unterrühren. Sauce mit Salz, Pfeffer und Majoran würzen und über das Gemüse gießen.

3. Fenchelgratin mit Parmesan bestreuen, im Backofen auf mittlerer Schiene ca. 30–40 Minuten überbacken und servieren.

Herbstlicher Rosenkohlauflauf

Fertig in: 65 Minuten
Davon aktiv: 15 Minuten

Für 2 Personen:
500 g Rosenkohl
Salz, Pfeffer
1 Zwiebel
1 Knoblauchzehe
25 g getrocknete Aprikosen
25 g getrocknete Pflaumen
2 TL Pflanzenöl
1 TL Kreuzkümmel
1/2 TL Kurkuma
4 Eier
150 g Frischkäse, bis 1 % Fett absolut
50 ml fettarme Milch
60 g geriebener Gouda, 30 % Fett i. Tr.

pro Person
11 ProPoints Wert | 2022 kJ
484 kcal

1. Rosenkohl putzen, Stielansatz kreuzweise einschneiden, in Salzwasser ca. 10 Minuten garen, abgießen und halbieren. Zwiebel schälen und in Würfel schneiden. Knoblauch pressen. Aprikosen und Pflaumen würfeln und Backofen auf 200° C (Gas: Stufe 3, Umluft: 180° C) vorheizen.

2. Öl in einer Pfanne erhitzen, Zwiebelwürfel und Knoblauch darin ca. 2–3 Minuten andünsten. Rosenkohl, Aprikosen- und Pflaumenwürfel zugeben, ca. 5–8 Minuten mitdünsten und mit Salz, Pfeffer, Kreuzkümmel und Kurkuma würzen.

3. Rosenkohlgemüse in eine Auflaufform (ca. 15 x 25 cm) geben. Eier, Frischkäse und Milch verquirlen, mit Salz und Pfeffer abschmecken und über dem Gemüse verteilen. Rosenkohlauflauf mit Käse bestreuen, im Backofen auf mittlerer Schiene ca. 25–30 Minuten backen und servieren.

Kürbisspalten mit Nusscannelloni

Fertig in: 40 Minuten
Davon aktiv: 15 Minuten

Für 4 Personen:
50 g Paranüsse
125 g Ricotta
200 g Frischkäse, bis 1 % Fett absolut
1 Ei
Salz, Pfeffer
1 Prise geriebene Muskatnuss
8 trockene Cannelloni
1 Zwiebel
1 Knoblauchzehe
3 TL Pflanzenöl
400 g stückige Tomaten (Konserve)
2 TL gehackter Oregano
60 g geriebener Gouda, 30 % Fett i. Tr.
1 Hokkaidokürbis (ca. 800 g)
2 EL Ahornsirup

pro Person
9 ProPoints Wert | 1802 kJ
430 kcal

1. Nüsse hacken und fettfrei in einer Pfanne ca. 2–3 Minuten rösten. Mit Ricotta, Frischkäse und Ei verrühren und mit Salz, Pfeffer und Muskatnuss würzen. Nussmasse in die Cannelloni füllen und diese in eine Auflaufform (ca. 15 x 25 cm) legen. Backofen auf 200° C (Gas: Stufe 3, Umluft: 180° C) vorheizen.

2. Zwiebel schälen und würfeln, Knoblauch pressen. 1 Teelöffel Öl in einer Pfanne erhitzen, Zwiebelwürfel mit Knoblauch darin ca. 2–3 Minuten andünsten und mit Tomaten ablöschen. Mit Salz, Pfeffer und Oregano würzen und Cannelloni damit übergießen. Mit Käse bestreuen und im Backofen auf mittlerer Schiene ca. 20–25 Minuten backen.

3. Kürbis waschen, halbieren, Kerne entfernen und Kürbis in Spalten schneiden. Restliches Öl in einer Pfanne erhitzen und Kürbisspalten darin von jeder Seite ca. 2 Minuten goldbraun braten. Ahornsirup zugeben, salzen, pfeffern und weitere ca. 5 Minuten braten. Nusscannelloni mit Kürbisspalten servieren.

Zwiebeltarte mit Räuchertofu

Fertig in: 90 Minuten
Davon aktiv: 40 Minuten

Für 12 Stücke:
240 g Mehl
120 g Halbfettmargarine
70 ml kaltes Wasser
Salz
140 g Räuchertofu
1 Stange Lauch
2 Zwiebeln
1 Knoblauchzehe
2 TL Pflanzenöl
50 ml fettarme Milch
150 g Kräuterfrischkäse, bis 1 % Fett absolut
4 Eier
Pfeffer
2 TL gehackte Petersilie
2 TL Schnittlauchringe

pro Stück 4 ProPoints Wert | 696 kJ | 166 kcal

1. Mehl, Margarine, Wasser und 1/2 Teelöffel Salz zu einem glatten Teig verkneten, zu einer Kugel formen und in Frischhaltefolie gewickelt ca. 30 Minuten kalt stellen. Tofu in kleine Würfel schneiden. Lauch waschen, Zwiebeln schälen und beides in Ringe schneiden. Knoblauch pressen. Backofen auf 200° C (Gas: Stufe 3, Umluft: 180° C) vorheizen.

2. 1 Teelöffel Öl in einer Pfanne erhitzen, Tofuwürfel darin kurz rundherum anbraten und herausnehmen. Restliches Öl im Bratensatz erhitzen und Knoblauch mit Lauch- und Zwiebelringen darin ca. 5 Minuten dünsten.

3. Teig zwischen Frischhaltefolie ausrollen und eine mit Backpapier ausgelegte Tarteform (Ø 26 cm) damit auslegen, dabei einen ca. 2 cm hohen Rand formen. Den Boden mehrmals mit einer Gabel einstechen. Im Backofen auf mittlerer Schiene ca. 10 Minuten vorbacken.

4. Lauch-Zwiebel-Gemüse mit Tofuwürfeln vermischen und auf dem Teig verteilen. Milch, Frischkäse und Eier verrühren und mit Salz und Pfeffer würzen. Petersilie und Schnittlauch unter die Eiermilch rühren und über das Gemüse geben. Zwiebeltarte im Backofen auf mittlerer Schiene ca. 30–35 Minuten backen und servieren.

Pastinaken-Nudel-Auflauf mit Wirsing

Fertig in: 50 Minuten
Davon aktiv: 20 Minuten

Für 2 Personen:
80 g trockene Penne
Salz
300 g Pastinaken
1 Zwiebel
300 g Wirsing
1 TL Pflanzenöl
250 ml Gemüsebrühe
(1 TL Instantpulver)
1 EL Halbfettmargarine
2 EL Mehl
500 ml entrahmte Milch
3 Zweige Thymian
Pfeffer
1 Prise geriebene Muskatnuss
70 g geriebener Käse,
30 % Fett i. Tr.

pro Person
11® ProPoints Wert
2002 kJ
480 kcal

1. Nudeln nach Packungsanweisung in Salzwasser garen. Pastinaken schälen und in Scheiben schneiden. Zwiebel schälen und würfeln. Wirsing putzen, vierteln, den Strunk entfernen und Wirsing in Streifen schneiden.

2. Öl in einer Pfanne erhitzen und Zwiebelwürfel darin glasig anbraten. Pastinakenscheiben und Wirsingstreifen zugeben und ca. 2–3 Minuten mitbraten. Mit 100 ml Brühe ablöschen und zugedeckt ca. 5 Minuten vorgaren. Nudeln abgießen. Backofen auf 200° C (Gas: Stufe 3, Umluft: 180° C) vorheizen.

3. Für die Sauce Margarine in einem Topf erhitzen und Mehl darin anschwitzen. Unter Rühren mit Milch und restlicher Brühe ablöschen und aufkochen. Thymian waschen, trocken schütteln und Blättchen abzupfen. Thymianblättchen unterrühren und mit Salz, Pfeffer und Muskatnuss würzen.

4. Gemüse und Nudeln in einer Auflaufform (ca. 20 x 25 cm) vermischen, mit Sauce übergießen und mit Käse bestreuen. Pastinaken-Nudel-Auflauf im Backofen auf mittlerer Schiene ca. 25 Minuten backen und servieren.

Cannelloni mit Minzfüllung

Fertig in: 75 Minuten
Davon aktiv: 35 Minuten

Für 4 Personen:
800 g stückige Tomaten (Konserve)
Salz
Pfeffer
1 TL getrockneter Thymian
1 TL Zucker
1 Prise geriebene Muskatnuss
1 Bund Minze
1 Zwiebel
500 g Frischkäse,
bis 1 % Fett absolut
16 trockene Cannelloni
70 g geriebener Käse, 30 % Fett i. Tr.

pro Person 8 ProPoints Wert® | 1349 kJ 321 kcal

1. Tomaten mit Salz, Pfeffer, Thymian, Zucker und Muskatnuss würzen. Backofen auf 200° C (Gas: Stufe 3, Umluft: 180° C) vorheizen. Minze waschen, trocken schütteln und fein hacken. Zwiebel schälen und fein würfeln. Minze und Zwiebelwürfel mit Frischkäse verrühren und mit Salz und Pfeffer abschmecken.

2. Jeweils etwas Minzmasse in die Cannelloni füllen. Etwas Sauce in eine Auflaufform (ca. 24 x 30 cm) geben, Cannelloni daraufgeben, mit restlicher Tomatensauce übergießen und mit Käse bestreuen. Im Backofen auf mittlerer Schiene ca. 35–40 Minuten backen und servieren.

Linsen mit Spätzle

Fertig in: 40 Minuten
Davon aktiv: 15 Minuten

Für 2 Personen:
1 Zwiebel
4 Karotten
2 TL Pflanzenöl
80 g trockene Puy-Linsen
2 Lorbeerblätter
250 ml Gemüsebrühe (1 TL Instantpulver)
1 Stange Lauch
100 g trockene Spätzle
Salz
1 EL Weißweinessig
1 TL Senf
Pfeffer

1. Zwiebel und Karotten schälen und in kleine Würfel schneiden. Öl in einem Topf erhitzen und Zwiebel-, Karottenwürfel und Linsen darin ca. 4–5 Minuten anbraten. Lorbeerblätter zufügen, mit Brühe ablöschen und zugedeckt ca. 30 Minuten garen. Lauch waschen und in Streifen schneiden. Lauchstreifen ca. 10–15 Minuten vor Ende der Garzeit hinzufügen und mitgaren.

2. Spätzle nach Packungsanweisung in Salzwasser garen. Lorbeerblätter aus den Linsen entfernen. Mit Essig und Senf würzen und mit Salz und Pfeffer abschmecken. Spätzle abgießen und mit Linsen servieren.

pro Person 10 ProPoints Wert | 1419 kJ 338 kcal

Karotten-Nuss-Puffer mit Mangochutney

Fertig in: 65 Minuten
Davon aktiv: 40 Minuten

Für 2 Personen:
1 Mango
1 Stück Ingwer (ca. 2 cm)
1 Zwiebel
1 EL Wasser
2 TL heller Balsamicoessig
Salz
Pfeffer
1/2 TL Currypulver
400 g Karotten
3 EL gehackte Haselnüsse
2 Eier
3 EL Vollkornmehl
3 TL Pflanzenöl

1. Mango schälen, Fruchtfleisch vom Stein schneiden und würfeln. Ingwer schälen und fein hacken. Zwiebel schälen und in Würfel schneiden. Zwiebelwürfel in einer Pfanne mit Wasser ca. 2 Minuten andünsten. Mangowürfel, Ingwer und Balsamicoessig dazugeben, mit Salz, Pfeffer und Currypulver würzen und ca. 30 Minuten köcheln lassen.

2. Karotten schälen und fein raspeln. Karottenraspel mit Haselnüssen, Eiern und Mehl zu einem Teig verrühren. Salzen, pfeffern und zu 8 Puffern formen. Öl portionsweise in einer Pfanne erhitzen und darin bei geringer Hitze jeweils 4 Puffer ca. 5 Minuten von jeder Seite braten. Fertige Puffer im Backofen bei 60° C warm stellen. Karotten-Nuss-Puffer mit Mangochutney servieren.

pro Person 8 ProPoints Wert | 1720 kJ 411 kcal

Wirsingrouladen mit Mini-Rösti

Fertig in: 75 Minuten
Davon aktiv: 25 Minuten

Für 2 Personen:
1 kleiner Wirsing (ca. 400 g)
Salz
1 Zwiebel
2 Karotten
400 g festkochende Kartoffeln
2 EL Wasser
200 ml Gemüsebrühe
(1 TL Instantpulver)
1 Scheibe Pumpernickel
3 EL Kräuterfrischkäse,
bis 1 % Fett absolut
1 TL Senf
1 Ei
Pfeffer
2 TL Pflanzenöl

pro Person 8 ProPoints Wert | 1508 kJ
362 kcal

1. Wirsing putzen. 4 Wirsingblätter ablösen, den Strunk flacher schneiden, Blätter in Salzwasser ca. 2 Minuten vorgaren und abtropfen lassen. Restlichen Wirsing vierteln, den Strunk entfernen und Wirsing in Streifen schneiden. Zwiebel, Karotten und Kartoffeln schälen. Zwiebel würfeln, Karotten und Kartoffeln raspeln. Zwiebelwürfel in Wasser ca. 2 Minuten dünsten und mit 50 ml Brühe ablöschen. Gemüseraspel zufügen und ca. 5 Minuten garen. Pumpernickel zerbröseln, mit Frischkäse, Senf und Ei unter die Masse rühren, salzen, pfeffern. Die Hälfte der Masse auf den Wirsingblättern verteilen, zu Rouladen aufrollen und mit Küchengarn umwickeln.

2. Ein mit Backpapier ausgelegtes Backblech mit 1 Teelöffel Öl fetten und aus restlicher Masse 4 Rösti darauf formen. Im vorgeheizten Backofen bei 200° C (Gas: Stufe 3, Umluft: 180° C) ca. 30 Minuten backen. Restliches Öl in einer Pfanne erhitzen und Rouladen darin ca. 5 Minuten rundherum anbraten. Wirsingstreifen zugeben, mit restlicher Brühe ablöschen und zugedeckt ca. 20 Minuten garen. Rouladen herausnehmen und Küchengarn entfernen. Wirsing mit Salz und Pfeffer würzen und mit Rouladen und Rösti servieren.

Orangenrotkohl mit Kartoffelhaube

Fertig in: 60 Minuten
Davon aktiv: 15 Minuten

Für 2 Personen:
1/2 Rotkohl (ca. 500 g)
2 unbehandelte Orangen
2 EL Wasser
300 ml Gemüsebrühe
(1 TL Instantpulver)
600 g mehligkochende Kartoffeln
Salz
100 g Frischkäse, bis 1 % Fett absolut
3 EL gemischte gehackte Kräuter
Pfeffer
1 Prise geriebene Muskatnuss
1 EL gemahlene Haselnüsse

pro Person 8 ProPoints Wert | 1712 kJ 411 kcal

1. Kohl putzen, vierteln, den Strunk entfernen und Kohl in Streifen schneiden. 1 Messerspitze Orangenschale abreiben und 1 Orange auspressen. Kohlstreifen in einem Topf in Wasser kurz andünsten. Mit Orangensaft und 150 ml Brühe ablöschen, mit Orangenschale verfeinern und zugedeckt ca. 45 Minuten garen. Kartoffeln schälen und 1 kleine Kartoffel fein reiben. Geriebene Kartoffel ca. 20 Minuten vor Ende der Garzeit unter den Kohl rühren.

2. Restliche Kartoffeln in Salzwasser ca. 20 Minuten garen. Backofen auf 220° C (Gas: Stufe 4, Umluft: 200° C) vorheizen. Kartoffeln abgießen und zerstampfen. Mit Frischkäse, 75 ml Brühe und Kräutern verrühren und mit Salz, Pfeffer und Muskatnuss würzen.

3. Orangenrotkohl mit Salz und Pfeffer abschmecken. Mit restlicher Brühe in eine Auflaufform (ca. 15 x 20 cm) geben. Restliche Orange schälen und filetieren. Orangenfilets auf den Rotkohl legen und Kartoffel-Frischkäse-Masse locker darauf verteilen. Mit Haselnüssen bestreuen, im Backofen auf mittlerer Schiene ca. 15 Minuten überbacken und servieren.

Joghurt

Karotten

Kartoffeln

Käse

Kohl

Kohlrabi

Kokos

Kräuter

Kürbis

Lauch

Pilze

Radischen

Reis

Rote Bete

Salate / Beilagensalate

Sellerie

Spargel

Jetzt liebe ich es, gesund zu kochen!

Seit Nadine das Weight Watchers Programm macht, genießt sie ein ganz neues Lebensgefühl, und ihre Familie und Freunde werden mit leckeren Mahlzeiten verwöhnt. Aber vor allem hat die 25-Jährige seither über 25 Kilo abgenommen und ihr Selbstvertrauen wiedergewonnen:

Ich lebe mit meiner Mutter und ihrem Freund in Bochum. Seit Anfang letzten Jahres bin ich fürs Kochen zuständig. Das war vor Kurzem noch unvorstellbar, denn da ging es immer nur darum, schnell mal irgendwas zwischendurch zu essen. Als ich mein Bachelor-Studium anfing, geriet mein Alltag völlig durcheinander, und zwischen Universität und Arbeit habe ich immer nur nebenbei gegessen. Ich habe relativ wenig gegessen, aber sehr fettig, gehaltvoll und ungesund. Es gab fast ausschließlich Pommes, Jägerwurst und sehr viel Süßkram. Ich nahm stetig zu, und irgendwann konnte ich nicht mehr ignorieren, dass ich Übergewicht hatte. Ich fühlte mich sehr unwohl und habe viel geweint. Klamotten kaufen war ein Horror für mich. Ich trug nur noch Leggings, und ich ging jedem Fotoapparat aus dem Weg.

Als ich dann doch ein Foto von mir sah, erschrak ich sehr. Mir wurde klar, dass es so nicht mehr weiter gehen konnte und dass ich sehr viel abnehmen musste – und zwar nachhaltig. Ich machte Nägel mit Köpfen und ging zum Weight Watchers Treffen in Herne-Eickel. Der Coach konnte mich sehr motivieren, und die Atmosphäre in der Gruppe war toll, sodass ich mir diese Aufgabe zutraute. Ich ging jede Woche zum Treffen, das Programm gefiel mir gut und war ganz einfach in mein Leben zu integrieren. Der Austausch in der Gruppe gab mir den Halt, um nicht aufzugeben, und mit dem *ProPoints*® Plan lernte ich viel über gesunde Ernährung. Seitdem trinke ich viel mehr und esse jetzt regelmäßig: es gibt Frühstück, Mittag- und Abendessen, und Obst und Gemüse stehen ganz oben auf meinem Speiseplan.

Kochen machte mir plötzlich Spaß, und ich erkannte, wie einfach es ist, Mahlzeiten für unterwegs vorzubereiten, mit etwas Planung gesunde und sättigende Gerichte für alle zu zaubern oder eine Party mit einem gesunden Buffet auszustatten. Allen schmeckte es, und bei mir purzelten die Pfunde! Bereits in der ersten Woche habe ich zwei Kilo abgenommen, und nach sieben Monaten war es vollbracht: Ich hatte mein Traumgewicht erreicht! Ich fühle mich viel fitter und bin glücklich und superstolz!

„Wenn ich das geschafft habe, schaffe ich alles andere auch. Ich wünsche allen, die sich auch so ein Ziel gesetzt haben, viel Erfolg!"

Wenn Sie wie Nadine durchstarten möchten, schauen Sie bei einem Weight Watchers Treffen in Ihrer Nähe vorbei:
www.weightwatchers.de/treffenfinden

www.weightwatchers.de/monatspass

„Meine Lieblingsrezepte aus diesem Kochbuch sind Rucola-Käse-Salat mit Chili-Mango-Dressing (S. 32) und Wirsingtaler mit Herbstpilzen (S. 135)."

Redaktion:
Weight Watchers
Ewa Tacke, Claudia Thienel

Realisierung:
The Food Professionals Köhnen AG, Sprockhövel

Projektleitung:
Silke Höpker

Rezepte:
Ingrid Schmand, Insa Weißpfennig

Versuchsküche:
Alexandra Wittenstein

Fotografie:
Klaus Arras, Carsten Eichner, Wolfgang Kowall, Dirk Przibylla, Stefan Schulte-Ladbeck
Seiten 4–5, 56: Thinkstock

Foodstyling/Styling:
Katja Briol, Matthias Eitner, Maren Jahnke, Stefan Mungenast, Christa Schraa

Gestaltungskonzept und Grafik:
The Food Professionals Köhnen AG, Sprockhövel
Petra Penker, Stefan Windus

Druck:
Paffrath Print & Medien GmbH, Remscheid

2. Auflage 2014
ISBN 978-3-9814555-8-8

Info-Hotline 01802-23 45 64* (Deutschland)
www.weightwatchers.de

*0,06 €/Anruf aus dem deutschen Festnetz. Mobilfunk höchstens 0,42 €/Minute.

PEFC zertifiziert
Dieses Papier stammt aus nachhaltig bewirtschafteten Wäldern und kontrollierten Quellen.

PEFC/04-31-1066

www.pefc.de